BILLETS D'OÙ

DE LA MÊME AUTRICE

*Silence !*,
Les Éperonniers, 1996.

*Zébuth ou L'Histoire ceinte*,
éditions de l'Ambedui, 1997.
Réédité sous le titre *Zébuth ou L'Histoire ceinte*
suivi de *L'Imparfait*,
éditions Espace Nord, 2022.

*Dame en fragments : monologue en fragments*,
dessins de Jean Rustin, La Pierre d'Alun, 2000.

*L'Imparfait*,
éditions de l'Ambedui, 2002.
Réédité sous le titre *Zébuth ou L'Histoire ceinte*
suivi de *L'Imparfait*,
éditions Espace Nord, 2022.

*L'Incroyable histoire du grand Gelbe : conte sous-lèvres,*
*ou L'Histoire de Gelbe et de Léna*,
éditions de l'Ambedui, 2003.

*Pièce d'eau : poème brisé pour une danse*,
éditions de l'Ambedui, 2004.

*RéCréation du monde*,
MaelstrÖm reÉvolution, 2006.

*État de marche*,
MaelstrÖm reÉvolution, 2007.

*Bonjour Gaston*,
MaelstrÖm reÉvolution, 2010.

*Du Coq à Lasne*,
MaelstrÖm reÉvolution, 2012.

Suite en fin d'ouvrage

Laurence Vielle

# BILLETS D'OÙ

*Préface de Noé Preszow*

Collection « Poche / Poésie »
Le Castor Astral

BILLETS D'OÙ
est le mille trois cent quarante-septième ouvrage
publié par Le Castor Astral

Une collection dirigée
par Jean-Yves Reuzeau

Maquette de couverture : Magali Giraudo.

Crédits photos :

Page 1 : photo © Andy Huysmans
Page 2 : photo © Alexis Haulot
Page 207 : photo © Andy Huysmans
Page 208 : Dessin de Laurence Vielle

L'éditeur tient à remercier
les éditions MaelstrÖm reÉvolution,
ainsi que les éditions Espace Nord.

www.castorastral.com


ISBN 979-10-278-0347-7

*À Marilou et Garance,*
*merci d'être au monde*

# PRÉFACE

Avec sa plume comme une torche, sa bouche comme une arche, ses bras comme des branches, sa voix aiguë et ronde pourtant, son souffle cru mais chaud, Laurence Vielle est debout.

Avec les rires dans la cage d'escalier, le soir qui tombe, le jour qui se relève, la beauté d'être vivants encore, le mouvement respiratoire de la vie, avec les murs, le théâtre, les cabanes, les familles belles et moches, les coups de dés, les coups de pioches, les bouteilles à la mer, Bruxelles, la liberté vertigineuse, avec sa voix par-dessus tout et ses messages à l'avenir, Laurence Vielle est debout.

Debout sur sa page, debout dans son corps, debout sur les planches, debout dans la ville, debout sur ses paumes et jusqu'au bout de ses doigts, dans l'importance du geste et de chaque pas, debout dans sa poésie.

La poésie de Laurence Vielle est debout.

Debout dans Laurence Vielle, debout dans la vie, debout dans la gueule, au cœur du cœur. Poésie généreuse mais radicale, éclatée mais précise, poésie qui relie, qui déplie, qui remplume, qui claque, qui slalome, qui enjambe, qui noue et qui dénoue. Qui va à la rencontre. De qui ?

« Des fragiles et des aliénés des malades et des noyés », d'« une femme seule assise sur un banc avec son caddie devant elle », de toi, de moi, de « l'inouï d'être au monde », de « la chaleur du vivant » et de sa propre trace. Le dedans et le dehors s'entremêlant à l'infini avec constance, intégrité et équilibre.

Laurence Vielle n'est pas là pour dire à l'époque ce que celle-ci veut entendre, mais plutôt ce que celle-ci ne sait pas encore qu'elle veut entendre. Ce qui signifie que Laurence Vielle écoute, avant toute chose. C'est-à-dire qu'elle prend le silence au sérieux. Qu'elle s'efforce de le respecter. Pour saisir ce qu'il cache de violence comme ce qu'il porte de promesse.

Il s'agit de prendre le réel à bras-le-corps, oui, mais de le bégayer, de le trébucher, de le mettre à l'épreuve, de le malaxer, de débusquer les possibles, de chercher l'aventure, de ne pas stagner. Et de lancer au cynisme : eh bien non, tu te trompes, c'est sans moi, va-t'en ! En l'écartant d'un revers de main, comme on le fait avec les mouches ; en traçant une espèce de ligne qui permet de distinguer une raie de lumière dans cet amas d'ombres.

Ni tract ni ego trip, Laurence Vielle n'est pas là juste pour dire qu'elle est là.

Et c'est pour ça qu'elle est là, vraiment là.

Laurence, vous êtes-là ?

*

Ce matin, mon train a trente minutes de retard et vous avez toujours cette longueur d'avance. Serait-ce à force de ralentir vite ?

Devant moi, un jeune homme tire sur sa cigarette électronique. À ma gauche, une jeune femme échange compulsivement des messages vocaux avec son ami qui est à quelques mètres, plus loin dans le wagon. À ma droite, sur l'autre rangée, une femme a le dossier spécial « addictions » de son magazine ouvert sur les genoux, mais elle lit sur son smartphone un article sur l'invasion de l'Ukraine par la Russie. Devant elle, quelqu'un dort, enfui dans une écharpe. Une femme au téléphone dit : « On habite en famille, on ne fait pas un plat de pâtes comme ça juste pour soi et puis on le laisse là au milieu de la cuisine. » Plus loin, un homme porte un masque chirurgical un peu trop large au niveau des oreilles, il le remonte sans cesse.

« Il te faut une bonne oreille une oreille hyper attentive aux bruits du monde. Alors oui tu pourras entendre les trente-neuf corps qui tentent de défoncer la porte épaisse du container réfrigérant, trente-neuf personnes qui tentent de rejoindre l'Angleterre », avez-vous écrit.

Puisse votre bonne oreille capter l'indicible encore longtemps, et votre poésie « d'un espoir insensé » nous éclairer, nous surprendre et nous emporter jusqu'aux « derniers jours de l'humanité », « après la dernière étoile la dernière planète le dernier arbre la dernière feuille le dernier train ». Et plus loin encore.

Noé Preszow

# Billets d'où*

* Poèmes inédits.

Poèmes écrits de 2017 à 2022,
dans le désordre du temps,
aux interstices d'un quotidien
dont le fil est un plancher de bois,
une île au milieu de Bruxelles
un ici qui se demande d'où il parle,
qui glane et charrie au vent du monde
des visages croisés et des fragments de vie,
à lire à haute ou basse voix,
au hasard de la pioche
en tournant à la vitesse de 30 kilomètres/seconde
autour du soleil.

**Les derniers jours de l'humanité**
il y eut un peu d'herbe entre les pavés
de la mousse une plume
des coquilles de je ne sais pas quoi
quelques débris
on sentait bien qu'il faisait trop chaud
un bout de verre aussi
les derniers jours de l'humanité
il y eut de la mousse entre les pavés
quelques herbes une fiente d'oiseau
un masque un vieux papier
une brindille un chewing-gum
on sentait bien qu'il faisait trop chaud
on marchait là dans le mois de janvier
on le savait on le savait que c'étaient
les derniers jours de l'humanité
on marchait on marchait
on le savait que c'étaient
les derniers jours de l'humanité
quelques coquilles vides pistaches
des coquilles sans pistache
les derniers jours de l'humanité
il faisait gris bien sûr
il aurait pu faire bleu mais c'était gris
on tournait le coin on changeait de trottoir
on croisait des regards

on entendait des voix et on savait bien que c'étaient
les derniers jours de l'humanité
on était là
un peu hagards un peu stupéfaits
d'être les derniers vivants
stupéfaits de la beauté d'être vivants encore
la beauté qui nous avait été accordée
et là c'étaient
les derniers jours de l'humanité
quelques mauvaises herbes jolies ma foi jolies
surgissaient du sol bétonné
stupéfaits oui d'être là vivants marchant
stupéfaits de tant de beauté usée
à nos pieds à nos mains à nos ongles
on aurait pu tomber là
tomber comme un cheveu
tomber comme une feuille
tomber comme une goutte d'eau
tomber comme la pluie quoi
tomber comme un gant dépareillé
tomber on aurait pu tomber
on était là debout et on marchait
aux derniers jours de l'humanité
une femme asiatique serrait la main
d'un homme européen
elle la tenait plutôt
un autre homme marchait torse nu
on sentait bien qu'il faisait trop chaud

les lampadaires ressemblaient
à des grands corps dépenaillés
les maisons ne bougeaient pas d'un cil
on savait que c'étaient les derniers jours
et on marchait
comme ça
je ne dirais même pas comme si de rien n'était
puisqu'on savait
mais on marchait encore on marchait
hébétés
parfois joyeux même de toute cette beauté
qui nous était donnée
et cette mousse qui surgissait là
entre chaque pavé
et une femme seule assise sur un banc
avec son caddie devant elle
trop lasse pour encore marcher
on le savait n'est-ce pas que
c'étaient les derniers jours
et puis une chaise trouée
là comme ça une chaise
une chaise en osier trouée
une chaise où s'étaient assis
des dizaines et des dizaines de corps
une chaise pour plus personne
et on marchait
hébétés stupéfaits
certains roulaient aussi

à vélo trottinette poussette
planche à roulettes
certains roulaient
c'étaient les derniers jours de notre humanité
et nos yeux brillaient d'un espoir insensé

**Mur** / mur / dressé toujours / mur tendu / tendu vers ciel / mur / toujours plus haut toujours plus dur / mur de Babel mur univoque aux arêtes qui tranchent le ciel / mur ô mur / mur de toile mur de pierre mur de plâtre ou de craie / mur ô mur de paille de bois de tuiles / mur de papier mur de plastique mur de tôle / ô mur mur entre ça et ça entre là et là / mur entre toi et toi entre toi et moi / mur pour se blottir / toi et moi toi et toi toi toi et toi contre mur / mur mur dressé toujours / mur qui abrite mur qui protège / mur qui sépare mur qui cache / mur de la honte mur des pleurs mur du son mur ô mur / mur de l'Atlantique / mur de Constantinople et de Jérusalem / mur de Berlin mur des Sahraouis de Palestine et de Chine / mur mur ô mur / mur de pisse de baises et de brèches mur de flics / mur ô mur / murmure des fédérés et des infédérés / murmures des prisonniers des prieurs des fermiers généraux / murmures des fragiles et des aliénés des malades et des noyés mer mer mur de la honte / mur défensif et de séparation mur d'eau des vagues scélérates / mur des graffitis ô mur mur de toutes les pensées de toutes les libertés / mur qui cadre et qui arrête / mur qui libère tous les oiseaux du monde quand tu y dessines les lignes de ta quête / mur ô mur / mur

mur gravé mur sali mur des pourritures et des mousses / mur des épines et des fleurs / mur des murs des murs et des murs / mur des plantes grimpantes / mur des visages perdus / mur des exécutions / mur ô mur / je te dessine mur / je te suis mur / je me dresse mur / je m'effondre mur / mur mur des tombes / mur des bombes de toutes les destructions qu'on relève toujours / mur des propriétés et des identités / mur des viols mur mur ô mur / mur de beauté / je te parle mur / je t'affiche je t'élargis je dénoue ta surface j'enlise tes arêtes je te dévoile mur / j'habite ta matière j'organe ta chair / je te tague te déplie te déplisse te déplace et te froisse / je t'ouvre mur vers cela vers cela et cela / mur de ronces mur de ruines mur de débâcles / mur des trahisons murs des disparitions / mur ô mur / mur des soubassements / mur sans assise / mur qui épouse les accidents du sol / mur ô mur / je te fragile je te démembre je te charpie te rogne et te cogne je te ronge mur / je te panse te lambeaux et te chair je te peau te défrontière et te poussières je te cabane je te planche te branche et t'illégal / je t'sdf te précarise te tente te toile et te friche / mur ô mur / mur d'accueil mur d'écueil mur des papillons épinglés / mur d'asile mur de repos mur de marbre mur de terre brique des révolutions mur de toutes les matières / mur de barbelés mur de cage je te grave mur / mur d'initiales et de langues mur de tous les espoirs / mur ô mur / mur des failles et des crevasses mur des plafonds et mur des cathédrales / mur ô mur / je te salue je te prie t'en prie et je te remercie / je t'envole te silence te détale et te muraille / je te main pied poing je te ventre je t'éventre te lacère t'ongle et te griffe te cartonne t'effiloche te brindille et te souffle je t'espace te labyrinthe je t'entaille et t'entraille / mur de balles mur de boule et d'escale je te joue te déjoue / mur ô mur / mur à nids mur à pêches mur à roses / mur d'appui mur porteur / mur de pluie mur de livres / mur de cordes et d'accords / mur à mur mur à mort mur amour / à mur / à mort / amour / mur amour

Le soir tombe
**c'est la maison ici**
**où l'on rigole** on rigole
où l'on se roule par terre de rire
et le voisin vient à la porte coller l'oreille
dedans entre le rire et lui aussi rigole rigole
et la voisine colle son oreille
à la bouche du voisin qui rit
à son tour elle rigole
et l'enfant du dessus a entendu les rires
dans la cage d'escalier qu'il dégringole
le voilà qui lui aussi rigole
une grande chaîne de voisins de tous âges
est suspendue dans la cage d'escalier
et tout le monde rigole en entendant rigoler
la famille du bonheur
et puis la maison elle-même se met à rire à rire
elle rit tant qu'elle pleure de rire
et puis c'est le quartier entier
et puis toute la ville et puis toute la terre
qui rigole si fort qu'elle en perd ses armes
qu'elle en pleure des larmes
qui noient le monde entier
et l'eau rigole aussi et c'est bon dit l'eau aux pois-
sons qui eux aussi rigolent ah que c'est bon dis
de rigoler ainsi

c’est bon à prendre en ces temps sombres
où dans les rues les gens longent les murs
où mon amour se dissout comme fleur qui se fane
au vase de ton cœur
ah c’est bon si bon dis de rigoler comme ça
on largue les amarres de la vie grave
et l’on se sent moins seule
de rigoler en cœur

**Les mains** défont leurs gestes et leurs savoirs les mains se refroidissent les mains se dégonflent les mains signent aux fenêtres les mains applaudissent vives de ce qu'elles oublient dans le temps immobile les mains désirent toucher les mains désirent tâter les mains désirent tapoter les mains désirent saluer les mains désirent les mains désirent fabriquer les mains désirent s'époumoner les mains désirent rire les mains désirent les mains désirent les mains désirent nos mains les mains désirent humains à sentir à dessiner de près de loin les mains désirent café chaud le matin café du coin les mains désirent forêt les mains désirent humus les mains désirent ton regard les mains désirent ta peau à peau les mains désirent jardin et bouches bées et corps en marche les mains désirent sillonner les mains désirent arpenter harnacher harasser jouir et jouer et donner les mains désirent les mains désirent donner la main les mains désirent ta main

**Je tiens à elle** comme je tiens à elle tant je tiens à elle que quand oui quand elle s'en va c'est trou ventre trou bouche oui trou je tiens à elle flamme de vie bout de la mienne et bout de femme infini renversé quand elle s'en va rivière ruisselle au creux du monde y dansent mille poissons reflet de lune et reflet du soleil ondulent dans l'eau de l'infini renversé s'en va écureuil chanteuse et acrobate rouleuse de gazon joueuse de raquettes cueilleuse d'orties chercheuse de fossiles inventrice de langues rieuse de chatouilles dessineuse d'animaux traqueuse de débris faiseuse de tombeaux pour papillons brindilles arracheuse de pissenlits caresseuse de chevaux princesse des deux mille nuits consoleuse aux mains douces une rivière un peu chaude je m'y baigne ensablée les poissons me caressent sa voix souffle maman ne pleure pas c'est juste quelques jours ça passe vite tu le sais bien on se retrouvera je souris à sa voix dieu te garde dit-elle tout bas

**Un truc comme ça dis**
un truc comme ça dis / plus jamais un truc comme ça mais plus jamais je te dis /
un truc comme ça qui comme ça te tombe dessus sans que sans que /ou un truc que tu que tu /
un truc comme ça dis que tu savais sans savoir qu'un truc comme ça qui te comme ça /
un truc que quand ça arrive tu dis : ça, une fois mais pas deux fois, pas deux fois comme ça / comme ça c'est trop c'est trop comme ça trop et trop / dis comme ça c'est tu vois ce que je veux dire /
ça te tombe dessus ce truc-là comme ça tombe comme ça te tombe / et ça te tombe dessus et tu sais que tu dois vivre ce truc comme ça et traverser ce truc comme ça tu le sais / et tu tu tu dis qu'un truc comme ça plus jamais ça / quand ça arrive tu dis plus jamais plus jamais un truc comme ça plus plus jamais ça /
parce que ça dis, ça vraiment ça, c'est ouf dis c'est complètement complètement / tu vois quoi / complètement / enfin /ça, plus jamais ça je te dis, plus jamais jamais /
une fois allez une fois peut-être tu peux / mais deux dis deux fois comme ça dis non / pas deux pas ça pas deux comme ça / allez tu fais ça et ça et ça pour traverser un truc comme ça / tu fais tout ça et tout

tout tout tout tout tout ça pour traverser un truc comme ça / et tu et tu comme ça tu tu allez tu pousses ton souffle et tu dis allez allez dis / tu dis allez dis faut le passer ce truc comme ça / comme ça comme quoi ? tu sais bien ce que je dis quand je dis comme ça / tu sais bien que c'est comme ça mais vraiment comme ça et pas comme ça / comme ça je te dis comme ça / allez un truc comme ça quand ça t'arrive à toi un truc comme ça faut que tu / faut sacrément que tu /que tu y arrives quoi que tu arrives à le passer sans trop casser sans te casser / le passer sans te casser voilà c'est ça / faut le passer un truc comme ça /
faut ce truc comme ça faut faut un souffle un dernier souffle immense pour pas casser pas te casser /
faut y aller parce qu'après / un truc comme ça quand tu l'as bien mais vraiment bien / quand tu l'as bien pris là entre tes mains / et bien un truc comme ça quand t'as passé ce truc et bien t'es t'es t'es comme ça *(pouce en l'air)* / tu vois t'es vraiment comme ça / et c'est pas tous les jours que ça t'arrive un truc comme ça / et tu t'es dit que tu y arriverais pas / et oui oui oui tu y es arrivé /
ce truc comme ça là tu l'as passé et vraiment oui vraiment : tu es comme ça toi comme ça ! comme ça ! tu es comme ça d'avoir passé ce truc-là ! ce truc dis
ce truc comme ça

**Vous m'entendez** ? est-ce que vous m'entendez ?
j'ai un trou dans mon oreille
j'ai perdu les graves c'est grave ?
docteur les graves c'est grave ?
j'ai perdu la terre c'est grave ?
j'ai perdu la terre j'ai mal à cheveux
j'ai perdu le ciel j'ai mal à mon cœur
j'ai perdu l'amour c'est grave ?
j'ai mal à mon ventre c'est grave ?
perdu l'insouciance docteur
j'ai mal à ma peau peau comme des bleus
perdu les caresses c'est grave ?
j'ai un trou dans mon oreille
j'ai perdu les graves c'est grave ?
est-ce que vous m'entendez ?

**Quelqu'un marche pour moi**
en même temps que je te parle
il marche autour de la terre
ça paraît fou mais c'est comme ça
il marche tout ce que je ne marche pas il marche
il ne s'arrête pas
du soleil levant au soleil couchant
son pas est régulier et lent
il porte sur le dos vêtements et aliments
pendant que je te parle il marche et je suis là
je tiens au fil de sa marche
il marche au fil de ma voix
je dis un homme peut-être est-ce une femme
il connaît les plantes il connaît les étoiles
il connaît le chemin qui va d'ici à là
il passe où je l'attends
en même temps que je te parle
un oiseau fend le ciel pour moi
tandis que là un arbre pousse
et là passe un nuage pour moi
je respire pour lui
ça paraît fou mais c'est comme ça

**Mon ami Philippe quitte aujourd'hui la ville**
il part habiter un village perdu des Hautes Fagnes
c'est bien quand un ami quitte la ville
il la quitte un peu pour moi un peu pour nous
je dis que je préfère rester en ville
j'aime croiser la multitude des visages
les façades à chaque coin de rue
les salutations fortuites et les terrasses des cafés
les fenêtres brillent dans la nuit noire
mon ami Philippe quitte aujourd'hui la ville
pour un village perdu des Hautes Fagnes
comme j'aime les forêts
les oiseaux parlent avec les ramages
le vent bruisse sur les chemins de terre
quand j'arpente la grande campagne
je rêve d'y vivre toujours
humaine d'humus au plus calme de moi
un peu de moi part habiter avec mon ami Philippe
qui quitte aujourd'hui la ville
et je reste ici avec un peu de lui

**La fa(m)ille**
La f la fff
la fa la fam la fami la famil
la famimil la fammille famille la famille
c'est le début de tout toi le début de tout moi
c'est pour le père et la mère
et c'est pour le pire et la mire
et c'est pour le porc et la mort
et c'est pour le part et la mare
et c'est pour le pur et la mure
et c'est pour le pour et l'amour
pour tout ça
la famille c'est celle qu'on vit en père et mère
en bosse en creux en anicroches
c'est fafacile et dis c'est dididis-moi
c'est difficile la famille
c'est indididi indidicible et tout est dit
c'est didi c'est didivisible c'est didit pas dit
et tout se dit rien ne se dit dans la famille
et tout se vit et pas grand-chose
et pauvre et riche et riche et pauvre
et serre les coudes et sers la table
desserre les fesses dessers couverts et couvre-toi
et nus d'abord en nus d'enfants
et puis va t'habiller va t'rhabiller
c'est fier pas fier c'est doux pas doux

c'est joue aux jeux joue avec nous joue pas au je
c'est clac porte clac main clac et clac
c'est didivorce c'est didispute et didissoute
et didisparais pas fafa famimi ma famimille
pas fafacile
c'est didiscorde et c'est amour aussi
c'est famimille momodèle qui te momodèle
au parfaitfait qu't'atteins jamais
c'est non amour à la cuillère qu'tatavales jamais
c'est vessies pour lanternes qui tétéclairent pas
c'est je te hais et je t'aime
c'est moche et miche et mâche
mâche ta viande fais pas de bruit en mangeant
et sors tes coudes de table et sors la vaisselle et sors le linge
et tache tâche et tachons pas la nappe des grandes fêtes et c'est grandes fêtes et grands repas et c'est naissances Noël et Pâques on se retrouve aux enterrements
toutes les fêtes et tous les steaks et les asperges les fraises la dinde apéros à gogo roulez jeunesse c'est les bons vins qu'on sort vins de caves vins de messe regarde dans ton assiette
et c'est fêlures qu'on cache et puis qu'éclatent en pleine tronche
c'est fafamille c'est famimiques que t'attrapes de père ou mère sans même que t'aies voulu mimiques que t'as les mêmes

c'est famimi-figue et mi-raisin
et puis tu l'élargis
tu dis famille c'est plus cela surtout plus ça
famille c'est les amis ceux qui maillent la trame
de l'essentiel ton essentiel
pasqu'en famille étrangement
t'es restée l'étrangère qu'a rien compris aux règles
alors oui t'agrandis et t'élèves tes enfants
famille trop vaste vie multi-tâches
et sans répit et sans repos
où la fami t'aide en somme à marcher droit
à pas tromber à t'rattraper
famille trompée à trompe et trop en trombe et
sombre familament et lumière lumière s'il vous
plaît lumière sur tout pleine lumière et on s'en fout
allez allez fami famimi j'en vis j'en crève
et quand tu clac
famimille l'est là toustous sont là
pas seul pour partir cercueil en famille
et même si étranger étrangère
c'est là toujours que tu peux échouer
et rire des choses que tu sais
et pas rire des choses que tu sais aussi
être là juste là
en comptant rien
rien
que
sur

toi
et la ff la ffffamille
et aimer
de tout ton être
parce qu'aimer
aimer
cela sauve
de tout
ça oui
ça tu le sais

**Bleu du ciel**

*Pour Marc*

Mon amour, je t'écris ces mots depuis un train
à grande vitesse, le 24 octobre 2019,
on vient de passer Arras, écoute-moi.
Si l'on est dans une voiture sur le siège passager –
devant à hauteur du rétroviseur, fenêtre ouverte –
ou si l'on marche en plein air avec en main un miroir de poche,
imagine alors mon amour qu'on a une pince à épiler dans son sac ou à portée de main,
imagine qu'à ce moment-là le ciel est bleu et qu'il y a un nuage blanc juste au milieu du ciel ;
alors, avec la pince à épiler, tu saisis le minuscule nuage blanc dans le reflet du rétroviseur ou du miroir de poche et tu le déposes dans un sac.
Le nuage ainsi saisi pourra servir de mouchoir,
de coton doux, de mouton de poche ou de nuage –
nuage pour le lait ou pour la bruine nécessaire à tes soifs intérieures ou pour tes pensées.
Ce qui marche pour le nuage blanc, mon amour,
marche aussi pour les éoliennes qui pourront te servir, ainsi cueillies à la pince à épiler, de petit ventilateur ou de moulin à prières ou d'hélice pour ta tête pour que s'envolent tes pensées nuageuses ou pour te mener au septième ciel.

À vrai dire, avec un miroir de poche et une pince à épiler, tu peux tout récolter. Le monde devient alors à portée de main et les papillons et les prairies et les fusées aussi. Et même les camions avec trente-neuf personnes en train de se faire pétrifier, congeler ;
alors, en plus de tes yeux, du miroir et de la pince à épiler, il te faut une bonne oreille une oreille hyper attentive aux bruits du monde.
Alors oui tu pourras entendre les trente-neuf corps qui tentent de défoncer la porte épaisse du container réfrigérant, trente-neuf personnes qui tentent de rejoindre l'Angleterre, trente-neuf personnes qui fuient la misère la guerre et qui croient qu'une frontière, si elle sépare, est toujours une ligne à franchir ;
et tu pourras aussi attraper le conducteur en flagrant délit de congélation, d'assassinat délibéré, oui celui-là tu pourras l'attraper avec ta pince comme une mouche et l'épingler au mur.
Et puis ouvrir la porte du camion et laisser partir trente-neuf personnes ou bien juste les réchauffer dans le coton blanc nuageux ou d'autres couvertures très douces et les envoler au septième ciel avec les éoliennes épilées du paysage.
Et puis hop le camion, dans le sac.
Tout se range aisément dans un sac, mon amour.
Toutes les constructions des hommes ou les cons-

tructions naturelles sont à taille humaine et même à très petite taille.

Et l'on se prend à rêver d'un monde différent une fois qu'on l'a lavé et allégé de tout ce qui nous blesse, nous asphyxie, nous laisse sans voix,

un monde que notre visage dévisage envisage réenvisage et viscéralement ravive,

dans le courage de le regarder en face, au miroir qui s'ajuste à notre main, à notre cœur ;

le courage de fixer notre regard dans l'obscurité de l'époque, d'y plonger notre face et d'y percevoir la lumière, même si elle nous semble s'éloigner infiniment ; le courage de regarder le monde dans ce miroir qui te fait dire, mon amour,

« je suis parce que nous sommes,

et si nous sommes je suis ».

*Je venais de lire* La Fin du courage *de Cynthia Fleury*

**Les slogans 68 / chanson**

*Musique de Vincent Granger*

La vie est ailleurs /
Les frontières on s'en fout /
Écrivez partout /
Cours cours cours le vieux monde est derrière toi /

Il est interdit d'interdire /
Chassez le flic de votre tête /
La beauté est dans la rue /
Cours cours cours le vieux monde est derrière toi /

*Le vent se lève il faut tenter de vivre / Prenons nos désirs pour des réalités / On ne peut plus dormir tranquille lorsqu'on a une fois ouvert les yeux / On ne tombe pas amoureux d'un taux de croissance / Quand les parents votent les enfants trinquent / Soyons réalistes demandons l'impossible / Tout pouvoir corrompt, le pouvoir absolu corrompt absolument / Vivre sans temps mort et jouir sans entrave / Métro boulot dodo / Mur blanc = peuple muet / Ce n'est qu'un début, continuons le combat / Élections, piège à cons / Faites l'amour pas la guerre / Fermons la télé, ouvrons les yeux / Je ne veux pas perdre ma vie à la gagner / Consommez plus vous vivrez moins / Je décrète l'état de bonheur permanent / La forêt précède l'homme, le désert le suit / Je participe tu participes il participe nous participons vous participez ils profitent / Aimez-vous les uns sur les autres / Vivre sans temps mort, jouir sans entraves / La barricade ferme la rue mais ouvre la voix / Ni robot, ni esclave / Vous finirez tous par crever du confort / J'ai quelque chose à dire mais je ne sais pas quoi /*

L'imagination au pouvoir /
Que c'est triste d'aimer le fric /
Le pouvoir est une fleur carnivore /
Cours cours cours le vieux monde est derrière toi /

Sous les pavés, la plage /
La poésie est dans la rue /
L'espoir viendra des sans-espoir /
Cours cours cours le vieux monde est derrière toi /

**D'addict**

Ça arrive à moi / me battre contre moulins à vent ça arrive à moi / ça fait passer le temps / cerveau jubile avec machine entre doigts / petite machine où pièces d'or bling bling / je score je grimpe l'échelle de mon écran je ris râle ricane en émojis / ça arrive à moi / sûr de sûr ça t'arrive aussi te battre contre moulins à vent petite machine entre tes doigts / le temps défile à ranger chiffres en bon ordre avec joueurs pas chair pas os qui sur chiffres s'acharnent jubilent comme moi / on addict on n'arrête plus on annihile jour nuit on maître du temps on rêve des chiffres bling bling / corps bouge pas / cerveau file en suites de chiffres qui bougent pas le monde d'un iota / hyper actif de l'immobile / accro des chiffres qui brûlent tes neurones qui flinguent ton capital vitalité qui annulent ton capital désir / tu désires plus que tout retrouver l'espace entre pouce et index tête guillotinée par machine minuscule / regarde ton cou saigne et tu alignes chiffres / victorieuse tu montes dans les scores dans les paliers dans les forces tu habiles tu tactiques tu tries tu organises tu ranges tu avances tu dévoiles tu étoiles tu mets sur table tu matraques tu puissances tu sors ton grand jeu sans carne tu adrénalines tu grades tu championnes / tu quittes le réel où ta vie s'accumule en désordonne où tout discorde / tu cliques du pouce tu glisses du doigt les jetons iCloud / tout bling entre pouce et index c'est l'espace de ma vie / ça arrive à moi / sûr de sûr ça t'arrive aussi de te battre contre moulins à vent petite machine entre doigts / tu flingues tes neurones tu flingues ton corps de vivante tu flingues tes heures à vivre en chair et os tu flingues ta main fermée entre pouce et index tu flingues tes pieds tu flingues ton désir et tu jubiles d'habiter victorieuse l'espace immense de ton téléphone minable portable qui massacre ton âme comme pelleteuse comme bulldozer comme rouleau compresseur comme moissonneuse-batteuse / tu disloques ton temps de vie le fil de tes pensées la saveur d'horizon / tu perds le ciel de la fenêtre tu perds le sol de tes pieds / le monde se tire / t'es à l'index /

**Je voudrais vous dire** je voudrais le savoir je voudrais bien l'avoir toujours l'avoir toujours avec moi je l'ai dit avant toi je le pense avant toi et je le cache derrière la cuisinière je voudrais offrir je voudrais l'avoir je voudrais épouser je voudrais changer je ne voudrais je ne voudrais bien avoir raison sur certaines choses je voudrais bien vous dire que je ne suis pas là demain que je ne serai pas là hier je voudrais vous dire que je reviendrai plus tard si tout allait bien je voudrais vous dire que je ne suis pas d'accord je voudrais vous dire que je vous avais dit tout va bien et je voudrais vous dire que c'était après et de l'avant je vous dirai que je ne suis pas d'accord comme ça allait et comme ça ira et ça va je voudrais vous dire que je voudrais savoir à l'endroit je voudrais bien vous dire que j'aime je voudrais vous dire que j'aime j'aime j'aime et je n'aime pas vous dire que je n'aime pas et que j'aime et j'aime et que je t'aime je voudrais oui vous dire que je t'aime et qu'il faut se vider la tête parfois c'est ça qu'il faut faire pour vider la tête du vide de la tête et s'évider et éviter de dévider le pire et vivre et désirer désir non des ires des doux des ires non mais désirer le désir en désert de vie désirer le désir je voudrais vous dire que je désire

**(Je suis vêtue de silence, et j'ai perdu ma trace)**
Tu me demandes ce que je suis ? qui je suis ?
j'ai un mètre quatre-vingts j'ai la peau blanche j'ai les doigts longs j'ai la nationalité belge j'ai j'ai tout ça ne dit pas du tout qui je suis arrête de dire qui je suis arrête de faire de moi ce que tu crois que je suis
je suis tant et tant et je suis une fille pas un garçon et je suis en fille toutes les filles tout l'ensemble des filles de toutes les années qui m'ont précédée avant même que le calcul sorte de nos bouches de filles et je suis en fille toutes les filles qui vont venir après et en fille je suis tous les garçons que je ne suis pas et tous les firçons toutes les garilles et avec le mot belge je suis belge c'est-à-dire presque rien habitante de presque rien presque nulle part laisse-moi tranquille arrête de vouloir me saisir
je suis je te le dis toutes les filles du monde et toutes les belges de rien du tout et toutes les nations passées ici avant courent en moi et tous ceux pas passés par ici courent en moi aussi j'habite la terre tu sais comme toutes les autres
et je l'habiterai en os puis poussière d'os qui passera par poumons des vivants et je suis toutes les poussières que je respire d'avant et d'avant et d'avant et de peau blanche tu dis blanc parce que

pas noir alors le noir est contenu en moi je suis toutes les couleurs que je ne suis pas voilà mais ça tu ne le dis pas laisse-moi maintenant

et je suis à mon âge tous les âges que j'ai traversés et tous ceux que je ne traverserai jamais je suis ancêtre d'ancêtre d'ancêtre je suis enfant d'enfant d'enfant laisse-moi ou plutôt arrête-moi arrête-moi comme tu arrêtes tous les autres comme tu arrêtes toutes les autres que tu dis être comme ça ou comme ça permis ou pas permis tu ne sais pas ce que je suis tu ne connais pas mon visage arrête de me demander de le cadrer parfaitement dans le cadre je ne suis pas cadrée je suis ce que je suis et qui le sait pas même moi personne ne sait arrête je te dis

chrétienne tu dis chrétienne je suis ce qu'on m'a appris et tout ce qu'on ne m'a pas appris je suis vaste de tous les possibles et je te demande de te dessaisir de moi je te demande de me prendre de m'accueillir d'être ma terre d'accueil d'être ma terre d'écueil arrête de croire que tu sais qui peut venir qui ne peut pas venir qui aime et qui n'aime pas et ce que c'est aimer arrête de croire que tu sais ce que c'est aimer et qui peut recevoir qui ne peut pas recevoir arrête de savoir arrête de savoir fî fî fî de ton savoir arrête ton savoir arrête de me noyer arrête de me crasher arrête regarde-moi je te dis regarde-moi tu vois tu vois ce que je suis qui je suis

pas d'ici tu dis de où tu dis que je ne suis pas d'ici que je bouge trop que je fuis je suis celle qui fuit et aussi celle qui ne fuit pas arrête de savoir je te dis je suis paléolithique et moderne et contemporaine et future et j'ai taillé tous les silex je suis d'ici et d'ailleurs et de l'ailleurs d'ailleurs arrête de construire tes buildings tes barrières tes frontières arrête ta parade amoureuse pour aucune femme que je suis arrête de parader je te dis arrête de rutiler de briller de friquer de glosser de fliquer arrête tes biceps tes menaces tes érudits arrête ta parade d'amoureux de personne je ne sais pas qui je suis et tu penses pouvoir ouvrir ta porte ou la fermer à qui à qui je te le demande à qui
avant pendant des millions d'années toi et moi on était pareils pareils pendant millions d'années pareils à cueillette à chasse à nomade pareils à léger léger des millions d'années je te dis arrête de savoir pareils à survie à vent à marées à fleurs à abeilles à sauvage à pas écrire à pas savoir le savoir à terre à humus à marcher et maintenant fixe et fixe et fixe et domestique depuis seulement treize mille ans c'est rien rien du tout treize mille ans et écran écran qui dit tout qui dit rien qui dit rien qui vaille de nous face à face qui dit assis assis arrête je te dis je suis vêtue de silence et j'ai perdu ma trace, s'il te plaît regarde-moi et dansons

une danse
en silence
tais-toi tais-moi
tais-nous

## **Esquisse d'une île / chanson**

*Musique de Bertrand Binet*

Ici dans mon pays / il égale elle
ici dans mon pays / elle égale lui
île et aile s'égalent / aile et île s'égalent
une aile à il une île à elle
elle luit / il hèle elle qui luit de lui
aile à lui elle l'élève

Ici dans mon pays
les hommes cousent les femmes filent
le soir, tous ensemble mêlés décident
de l'organisation de demain
paix immense sur notre île

Ici le ciel est la
maison de Marie plutôt que celle du Seigneur
on dit ici Notre père qui êtes en terre
et on la déserte moins qu'ailleurs
la terre d'ici
elle abrite le paradis
égalité en dignité et liberté

Ici on vend objet pour objet en n'y
collant jamais photo d'elle ou de lui

ici ni lui ni elle ne peuvent
devenir marchandise
ici dans mon pays
personne ne devient chair à canons
machine à tuer
ici dans mon pays
une fois sur deux une femme
prend les rênes du pouvoir
quand on s'aime dans mon pays
on peut être en dessous en dessus
selon son bon désir
on peut dire non pas ce soir
et ce n'est pas une honte
on garde son sexe intact
et son désir entier

Ici dans mon pays
les hommes pleurent autant que les femmes
hommes portent jupes
femmes pantalons c'est selon
parures pour les hommes
parures pour les femmes c'est selon
il et elle veillent au grain
île et aile
elle et il
ici dans mon pays

**30 janvier 2017**
Rentrer du travail et courir à l'école
aujourd'hui c'est comme ça
trouver la fuite au temps qui file
pour arracher aux grandes surfaces
quelques courses pour souper
je n'ai pas d'idées de menus
mes filles veulent une variété
par contre c'est frais je dis c'est frais
à mes filles affamées
toujours c'est frais sauf petits pois
j'en trouve pas presque jamais
du temps de ma mère je dis ça
du temps de ma mère affairée aux repas
chaque soir chaque midi toute sa vie
nous écossions les petits pois
je m'en souviens sur la terrasse
la table en plastique blanc les chaises
et moi petite écossant écossant
les petits pois qui roulent à la fourchette
je les achète surgelés aujourd'hui
et puis rentrer demander si
les devoirs sont faits à la cadette
la grande vit sa vie ton rôle je dis
c'est de trouver ta voie dans la jungle
du monde mal dégrossi je lui dis ça

j'essaye d'amener un peu de fantaisie
de rester douce douce douce
parfois un petit cri d'agacement m'échappe
dieu aidez-moi que demeure ma joie
et puis courir après le temps encore
pour passer pyjama laver dents
je demande tu as fait pipi à la petite
elle grappille des raisins avant d'aller au lit
ma fille plus si petite grande depuis hier
8 ans c'est l'infini à la renverse
8 ans c'est grand et j'aimerais que ce
soit petit encore entre mes bras léger
comme le vent à faire tourner
la grande me prend dans ses bras
je me raidis un peu je l'aime tant pourtant
je dis à la petite c'est l'heure d'aller
au lit allez au lit j'ai dépassé le temps déjà
de quinze minutes et davantage
je m'essouffle m'endormirais bien avec elle
y a la compta à faire la vaisselle
le sol à balayer les mails à éplucher
quelques notes à jouer au clavier du piano
Schubert m'emporte au ciel le huitième je crois
Schubert je connais les douze premières lignes
j'en suis fière j'aurais été pianiste de grand
concert je suis mère parfois poète alors
je décide aujourd'hui que les labeurs du quotidien
deviennent poèmes sous ma main et c'est beau

comme un fleuve qui coule un soleil qui se couche
étendre linge laver vaisselle moucher le nez
plier les draps allumer flammes
au poêle antique je dis que tout cela
c'est beau la vie aussi la vie
une bougie qui brûle les rires des enfants
les colères les pardons les je t'aime
les courses sur le plancher que martèlent voisins
les grandes étreintes du matin et surtout le chemin
qui emmène à l'école le jour se lève et nous dérobe
quelques paroles de tout de rien de vie qui file
aux pavés gris de ma ville au ciel superbe
de notre terre ankylosée tendre nos lèvres
à plus d'éveil je dis je veille

**Comment tu fais toi** comment vous faites
est-ce que vous obligez à manger tout le bol
est-ce que vous les mettez au lit chaque jour à la même heure
est-ce que vous lui donnez un bain chaque jour un jour sur deux un jour sur trois une fois par semaine
est-ce que vous changez votre enfant tous les jours une fois tous les deux jours un jour sur trois une fois par semaine
est-ce que vous changez les draps de son lit souvent très souvent parfois
est-ce que vous jouez avec lui une fois par semaine une fois par jour une fois par mois
lorsqu'il vous dit qu'il ne comprend pas que des gens aient faim et qu'il ne veut plus aller à l'école à cause de ça, vous l'obligez à aller à l'école
quand vous rentrez tard de votre travail, qu'il y a encore un magasin ouvert pour les courses du soir, qu'il est trop petit pour le laisser seul à la maison, qu'il est trop épuisé pour sortir, comment vous faites qu'est-ce que vous mangez le soir
comment vous faites comment tu fais
quand tu voudrais le soir prendre un peu soin de toi mais tu t'endors épuisée quand prends-tu soin de toi

quand tu as un amoureux à cinq cents kilomètres
qui te réveille à minuit pour prendre de tes nouvelles ta journée est finie épuisée tu t'es endormie
comment tu fais tu décroches
quand une profonde fatigue en toi se transforme
en désarroi racle toute forme de joie comment
tu fais avec ça
quand le sourire de ton enfant éclate en toi avec
tout ça toi tu fais comment dis comment
tu fais

**Mon amour dit que le temps file**
plusieurs fois par jour on se parle au téléphone
sans fil
il me dit « ah mon amour le temps file
tout le temps je cours et le temps file »
et je vois le fil du temps qui traverse mon amour
un fil tendu entre ciel et terre
traverse mon amour de ses pieds à la tête
mon amour tourne autour du fil
toupie du temps qui file
les bras ouverts il crie
au téléphone sans fil
« mon bel amour le temps file »
il tourne à vide il tourne tourne
au fil du temps fileur et dévideur
et crie en tournant sur lui-même
toupie du temps qui file
« mon amour mon amour
le temps file oh oh le temps file »
et le temps reste doux comme une ligne
sans fin et immobile
tendue de terre à ciel au vent de mon amour
qui tourne fou derviche tourneur
alors je prends le train de Bruxelles à Dijon
au matin de ce jour j'arrive dans son bureau
il est absent il court au temps fileur

le voilà qui passe en courant je lui attrape la main
il tourne et tourne au fil du temps
je tourne avec lui ça tourne oh oui
en tournant je lui dis
« mon bel amour le temps ne bouge pas
c'est nous qui tournons fous tout autour de son fil
et qui courons après le temps qui reste là »
alors on se regarde on se donne un baiser
très long baiser lèvres mêlées
et l'on s'assied pour boire un thé
à la source de l'immobile temps
qui n'est parti nulle part
ailleurs qu'en nos entrailles
et dans nos cœurs s'ouvre le ciel du temps présent
on respire le temps respire
le thé est si bon à nos gorges
le temps nous souffle qu'on a le temps qu'on a le ciel
et nous partons planter avec le temps
quelques cosmos au jardin de Ancey
les fleurs suivent toujours le fil du temps
de terre à ciel en insouciance
le ciel de juin nous va si bien

**La femme dans le train assise à côté de moi**
entre Dijon et Paris voiture 17 coach 17
c'est écrit sur l'écran numérique
où la vitesse du TGV s'affiche
mercredi 12 novembre 2014
9 h 50 / 278 km/h
Madame vos billets s'il vous plaît
je suis place 28 côté couloir
la femme place 27 côté fenêtre est voilée
elle passe son billet au contrôleur
qui demande la carte week-end
elle passe sa carte week-end
votre pièce d'identité
dit le contrôleur à la femme voilée
elle passe sa carte d'identité
qui passe devant mes yeux de femme non voilée
avec son pouce elle cache
la photo
le contrôleur regarde la photo
sans voile
lentement
et puis regarde la femme voilée
dans les yeux
lentement
lui rend la carte d'identité
et quand la carte passe devant mon visage

la femme met son pouce sur la photo
de visage non voilé
il est 9 h 52
le train roule à 275 km/h
entre Dijon et Paris
elle sort des petites gourmandises
Casino Délices quatorze biscuits
me tend les délices sortis
du sac rouge en cuir mou
calé entre genoux
un cœur au milieu de la vie
des lignes traversent
son foulard blanc crème
pas un cheveu
ne dépasse
nos bouches grignotent
le temps qui passe

**Le 16 mai je suis arrivée de Paris en RER**
je suis venue chercher dans La Courneuve
l'endroit où se dressaient jadis
les tours Presov et Ravel de la Cité des 4000
j'ai cherché sans trouver j'ai demandé aux gens
où elles étaient ces deux tours-là
certains ne savaient pas d'autres s'en souvenaient
mais avaient oublié où elles étaient
d'autres m'ont dit c'est plus ou moins par là
puis j'ai rencontré Teddy Boy quarante-neuf ans
il a habité toute son enfance dans la tour Renoir
la tour partie en fumée avant Presov avant Ravel
et le jour où Ravel et Presov sont tombées
Teddy Boy est venu de Paris avec sa musique
il est venu accompagner leur chute avec son banjo
et il m'a dit : c'est là là juste là qu'elles sont tombées
Et j'ai vu des palisses blanches elles entourent
l'espace vide où les tours étaient jadis
Pour passer les barrières je suis montée
sur un tas de détritus j'avais un peu peur
il y a quelque chose de vide ici
des parkings pour plus aucune voiture des trottoirs
pour plus personne
c'est la friche
la friche où les tours sont tombées
la friche où les tours ont disparu

ont implosé se sont affaissées
sont mortes n'ont plus existé
se sont effondrées ont été cassées
mises en miettes
La friche où les tours se sont pulvérisées
en quelques secondes
même pas / le / temps / de / compter
les / dix / doigts / de tes / deux mains
m'a dit Rachid
CHUTE !
et puis
poussière / poussière / poussière
jusque dans ta maison
nuage de poussières
là où vivaient deux mille personnes
qui ont regardé tomber leur maison
deux mille personnes
qui ne vivent plus là
six cents familles
dispersées recasées
relogées remisées réagencées
poussières poussières
là où vit maintenant la nature la grande nature
celle qui revient toujours
végétations partout végétations
recouvrent ce qui reste
terrils de caillasses blanches vestiges des fondations

ici poussent les fleurs sauvages ici poussent
les trèfles les bleuets les coquelicots
les chardons les marguerites les pissenlits
les genêts les sapins les tilleuls
l'herbe verte et tant d'autres
et bientôt les framboises
et les millions d'insectes des plaines abandonnées
abondance ! abondance !
et je pense je pense
aux lieux perdus de l'humanité
tous les lieux écroulés
les terres où marchaient jadis d'autres autruis
la neige du temps recouvre les enfants
ici poussent les fleurs sauvages les trèfles les bleuets
abondance ! abondance !
et je pense je pense
aux maisons disparues des époques ensevelies
les vies qui ont battu juste là
toutes les couches du temps
ce qui passe ce qui dort
ce qui renaît sous ce qui fut jadis
sous l'herbe sous l'herbe
Le 16 mai j'ai traversé la friche en diagonale
j'ai enjambé un tas de détritus
pour sortir des palisses et retrouver la ville
j'ai rejoint les bancs circulaires
de la place Houdremont
où l'on rencontre toujours quelqu'un à qui parler

Franck le Martiniquais sur un banc de la ville s'est levé
et il m'a raconté la naissance de la Cité des 4000
Il m'a dit : je l'ai entendu l'autre jour à la télé,
écoute bien, c'est comme ça.
Il y avait une grue énorme,
tellement énorme qu'on pouvait pas la déplacer,
elle s'est mise ici au milieu sur la place,
elle a tourné son bras dans quatre directions,
et ça a fait les quatre tours,
aux quatre points cardinaux.
Quand elle a eu fini,
elle est partie dans une autre partie de la ville,
et ça a fait d'autres tours autour d'un centre,
une grue énorme, tellement énorme
qu'on pouvait pas la déplacer.

**13 novembre / Kate la pianiste**
je me souviens un soir de réveillon
on n'est pas nombreux
six dans l'appartement 35 avenue Volders
Fredo Marilou moi Gwenaëlle l'autre Fred
et Kate de passage à Bruxelles
elle est pianiste à l'orchestre de Bonn
l'entendre jouer sur piano droit pas accordé
c'est comme miracle en nuit de l'an
Les années ont passé
jeudi soir en sortant du théâtre
on va manger à l'Union sur le parvis Saint-Gilles
le journal des faits-divers est posé
au bord de la vitre du café
première page une photo avec gros titre
une pianiste étranglée par son mari violoniste
parfois le sordide on en rit un peu
on se demande si c'est vrai
je regarde de plus près
la pianiste étranglée puis enterrée
par son mari violoniste à l'orchestre de Bonn
c'est le visage de Kate
la femme flamboyante du réveillon
Kate il y a un an disait au téléphone
parfois il est violent
Kate et son mari Sergeï

jettent un froid sur l'orchestre
on efface leurs noms
des sites et des affiches
ils n'ont pas existé
Kate étranglée
par le violoniste au coup d'archet
assez bon de l'orchestre de Bonn
Ce matin mes mains jouent
sur le piano pas accordé
je pense à Kate
à sa famille de douleur étranglée
je pense aux mains violentes
qui tiennent si bien l'archet
je pense aux duos de musique
au duo d'amour qui a dérapé
au mari violoniste
qui serre entre ses mains
sa vie d'artiste sa vie de femme
« soleil
cou
coupé »
je pense à son enfant
qui reste sans
les mains de sa
maman

**William Cliff** le 31 janvier
il dit au French-Inn dernier jour
de janvier cinq minutes de la
gare il dit j'offre le vin pour
leur donner ardeur aux jeunes à
la photo qu'ils feront aura goût
de liesse de champagne et de
vain le temps passe c'est vain
jeune je croyais qu'il était éternel
mais maintenant je sais
je plante des arbres depuis 2003
Astrid le nom de ma villa
pour le souvenir d'une clinique Astrid
un nom sans connotation politique
mon père l'avait ouverte à Gembloux
maintenant c'est un home
deux cent mille euros huit ares de jardin
c'était un potager j'y ai planté treize arbres
et le Ravel derrière chez moi
je le transforme en grève j'y plante
les arbres que je choisis
des arbres qui poussent droit j'essaye
j'arrache par-ci par-là je replante par ici
j'arrache et je replante je leur donne tutelle
pour qu'ils poussent bien droit
le saule ça pousse vite enlève la lumière

les mauvaises herbes à côté du jeune tronc
je les ai arrachées l'arbre tombe regardez
l'herbe mauvaise tenait l'arbre dressé
une drève vingt-deux arbres déjà plantés
j'ai tenté d'arracher celui-là
je suis tombé à la renverse
il est le rejet d'un autre, ils se tiennent attachés
dit William devant la butte de patates
trop petites pour les supermarchés
avec mon frère dit-il on les ramasse
les petiotes on les mange toute l'année
Gembloutois, Gemblotins, prends le mot qui te va
saint Anselme a dit que si
l'on avait des pensées d'infini
dans un corps fini le divin alors existe
il dit en montant les marches de la vieille ville
pour un enfant c'est haut très haut les marches
pour un enfant enfant de chœur c'est ma marraine
dans son village qui m'a instruit à cet enfant
qui disait en latin les crédos je chante
dans l'église abbatiale le chant pour saint Guibert
qui a fondé Gembloux qui tient entre ses mains
l'abbaye qui tient à quoi tient-il
c'est le saint patron de l'école primaire
où j'usais mes caleçons
gamin t'as caché criaient les ouvriers
petit couteau aiguisé entre dents
Sigebert a écrit l'histoire du monde

il était de Gembloux terroir des écrivains
et des poètes aussi
chaque jour je pars marcher des kilomètres
au retour je trace un nouveau sentier
qui relie ma maison au supermarché
les vers je ne les apprends pas
ils me traversent je les répète
c'est ma sève je versifie
en respirant c'est ma vie

**Il archive tout**
ses voyages et les tickets d'achat
les publicités de la boîte aux lettres
les peintures de sa vie
les dates de naissance de sa famille
les dates de mort de ses amis
les lieux où il est passé les horaires de sa journée
les médicaments qui traversent son corps
il est grand un géant
il ne sort plus arpente parfois le balcon
la plante de ses pieds ne touche presque plus
le sol il est assis dans la chaise qui roule
il archive les visites qu'il reçoit
il raconte les mêmes histoires
à la caserne il faisait les courses pour les officiers
les courses de cuisine
il travaillait à Gray une usine de grès
il archive les pans de vie
sa chemise trop vaste flotte sur le corps maigre
il archive ce qu'il voit
et le lui dit à elle qui ne voit plus
il archive les timbres
on n'écrit presque plus
il archive les factures minutieux il archive
il tient tout ne lâche rien
agrippe ce qu'il est agrippe ce qu'il fut

s'agrippe à ce qu'il est s'agrippe à ce qu'il fut
et puis ferme les yeux
les archives restent dans la maison
ainsi demeurent ridicules et déchirés
les objets d'une vie qui devient la poussière
les dates qui la jalonnent
archives pour plus personne qui sonnent
le glas de notre splendide misère
mourir pour être né naître pour être mort
les enfants passent et trient
jettent un œil sur archives
jettent archives aux poubelles
la colonne vertébrale de l'ancien vivant
s'éparpille dans le vent
je voudrais être légère comme l'air
laisser à ceux qui suivent
une trace dans leur voix un tremblement parfois
une joie juste ça au fur et à mesure
que le grand froid s'approche
brûlons au poêle à bois
un à un chaque meuble chaque chaise chaque livre
chaque album de famille chaque archive
réchauffons-y encore un peu nos os
et puis disparaissons
laissons place aux vivants
sourire au bord des lèvres
la main ouverte le pied ailé

**Depuis le 7 janvier, je parle aux oiseaux.**
Depuis le 7 janvier, ma vie est bouleversée.
Tôt le matin je marchais dans ma ville, « le carré de Moscou », c'est le nom de cette place aux abords de chez moi ;
un oiseau s'est approché puis un autre, j'ai regardé autour de moi, je me suis dit « il y a sans doute quelqu'un derrière mon épaule qui tient un morceau de pain » mais non personne.
Un oiseau, puis un autre et puis un autre encore.
En vérité je te le dis, je parle aux oiseaux,
pas avec mes lèvres, pas avec des syllabes ni avec des voyelles pas avec ma langue mouillée pas en sifflant ni gazouillant ni croassant ni glougloutant non, pourtant je parle aux oiseaux.
Le premier jour, il y avait des pigeons et sept mouettes vingt-neuf merlettes trente-huit pinsons soixante-trois moineaux douze perruches vertes toutes sortes d'oiseaux une nuée d'oiseaux petit à petit s'est posée autour de moi,
la ville dormait encore,
on s'est entretenus comme ça les oiseaux et moi,
je peux te dire à quoi pense le pigeon qui ouvre ses ailes quand l'enfant arrive en courant
ou la sensation fantastique d'une nuée d'oiseaux qui vole en nappe au-dessus de la ville.

Une vieille dame, lente, est passée,
pas étonnée du tout la dame âgée de me voir entourée ainsi par les oiseaux,
elle a sorti de son sac des bouts de vieux pain qu'elle a égrainés, j'ai picoré les miettes,
je parle aux vieilles dames.
J'étais assise sur un banc, une vieille dame s'est assise à côté de moi et une autre puis une dizaine de vieilles dames puis une centaine,
nous nous tenions immobiles, ensuite nous avons traversé la ville au bruit des cannes et des petits talons grand troupeau de lenteur et c'était bon cette lenteur majestueuse qui recouvrait la ville, si bon.
Et aux enfants aussi je parle,
comme le joueur de flûte je peux si je veux mener un cortège d'enfants aux eaux de la Senne.
Et puis voilà que l'autre jour, un groupe d'hommes et quelques femmes parmi eux se sont rassemblés autour de moi,
je me suis demandé « à qui je parle cette fois-ci ? à quel autre dont je suis l'autre ? »
L'un d'eux m'a tendu une photo du prophète un autre un fusil d'assaut puis plus rien,
juste nous rassemblés comme ça,
je ressentais en leurs cœurs l'ivresse et la puissance métallique d'installer un nouvel ordre,
je nous ai comptés, nous n'étions pas tant que ça,

33 là rue de la Paix à Ixelles,
leurs visages m'interpellaient, me réclamaient justice paix harmonie mais ce sang sur mes mains
terrible ce sang j'ai mal
ça non je me disais ça pas possible
nous marchions du même pas décidé
et là il y a eu un moment fantastique
des vieilles dames se sont jointes à nous
puis les oiseaux nous ont fait une traîne
ce n'était plus un groupe ou l'autre
c'était nous tous ensemble et mélangés
les boiteux les lents les fragiles les demeurés
nous ne savions plus où nous allions
nous marchions d'un nouveau rythme un nouveau pas accordé aux plus fragiles
et nous marchions oui
plutôt vers le nord me semblait-il
et quelques rires naissaient de notre bande drôle presque dansante
j'ai senti dans tout mon être
combien nous nous portons les uns les autres
combien lui elle toi moi sommes effroyablement proches combien je suis l'oiseau la vieille dame l'enfant l'extrémiste oh l'autre qui me dévisage
Une phrase d'Emmanuel Levinas me revient à l'esprit « J'entends la responsabilité comme responsabilité pour autrui, donc comme responsabilité pour ce qui n'est pas mon fait, ou même ne me

regarde pas, ou qui précisément me regarde, c'est-à-dire qui est "absorbé" par moi comme visage. »
J'attends les jours plus chauds pour parler aux papillons aux bourgeons
Mais à l'instant dans cette nuit où j'écris
un nuage d'insectes volants arrive vers moi
s'agglutine se précipite sur l'écran de l'ordi
plusieurs nuages tour à tour s'y fracassent
perdent leurs ailes, tapis d'ailes à mes doigts
ils me cachent la lumière
je vais percuter l'écran moi aussi.
Nous sommes ces éphémères qui perdent leurs ailes
et se précipitent vers la lumière
allez allez
je clique sur « envoyer »
avant de passer
avant de tomber
je
clic

**Passeuse je suis passeuse**
je passe la mémoire et la mienne a des trous
à toi je te la passe, ma mémoire trouée
je te la passe et bois, comme on boit une tasse
bois la mémoire que je te passe
en miettes elle palpite dans le creux de ma main
je la mets dans ta main et c'est mon cœur qui bat
je te passe mémoire à toi qui vis déjà
et pourtant ne vis pas au temps qui est le mien
je te raconte quoi de ce temps ici-bas que je tra-
verse moi
je traverse sans toi, tu le traverseras
bientôt c'est comme ça
passeuse je suis passeuse c'est comme ça oui toi,
tu passeras bientôt dans ce monde où je passe
oui tu y passeras si tu es encore là
si nous sommes encore là
nous passeurs ou passeuses
nous sommes là pour quoi
sommes là pour passer
passer d'ici à là, passer ceci passer cela,
passer à toi passer par là,
passer de là à là et s'en passer
se passer ça, se passer quoi, et de ça se passer
ici tous nous passons
de vie à mort de là à là

nous passons les rivières
nous passons les frontières
celles-là passons-les pour ne plus les nommer
qu'elles s'effacent oui
et que tous sur la terre nous puissions habiter
nous nous passons de ça,
de peu de choses en somme
jamais d'amour et jamais d'eau
nous sommes lourds et nous passons
nous ravageons
nous nous passons le sel, nous nous passons conseils
nous passons notre temps à regarder écrans
notre horizon est bref
nous passons notre tour nous passons nos paroles
nous passons nos chemins
nous passons dépassons repassons trépassons
nous passons je te dis nous passons
maintenant c'est à toi à toi de passer quoi
à toi si tu es là de passer quelque chose
nos mémoires palpitent comme cœurs sur nos mains
je te donne le mien, il danse dans le tien
et dansons toi dans moi qui te danse déjà
moi dans toi, oui tu me danseras
tu es ce que je passe et tu es moi qui passe
et je suis toi qui passes
nous sommes l'un et l'autre ce que nous ne serons
plus que nous sommes déjà

poussières et diamants soleil et firmament
trous noirs assurément cette masse impalpable
qui nous vêt nous élève et nous perd
nous sommes l'irrévocable temps
nous sommes la lumière nous sommes l'univers
nous sommes l'animal et nous sommes la fleur
et le ciel et la terre et la mer et le souffle éternel
qui se tarit déjà au creux de notre main, au vif de notre langue nous sommes cette langue qui enferme et qui danse et qui ouvre une brèche sans jamais l'apaiser
nous sommes cet amour que nous sommes si peu
c'est lui que je te donne avec ma main ouverte
c'est ma main qui te touche et salue nos défaites
ma main qui te salue, ma main qui est la tienne
en chair et minérale sur toutes les parois
du monde, je te donne ma chair
passeuse je suis passeuse de ma main à la tienne
et tout se tait déjà dans ton regard à naître
car je suis ton enfant quand tu seras le mien
viens
je te donne la terre celle-ci décharnée
l'incendiée, la douce, l'épuisée merveilleuse
viens à la terre viens à la vie et viens encore
s'il te plait viens n'arrête pas de venir n'arrête pas de passer
je te passe mémoire je te passe désir et je te passe amour

et mon souffle est le tien et ton souffle est le mien
et l'air que je respire te respire déjà
et si tu ne viens pas
si tu ne passes plus sur ce monde où je passe
ma mémoire reçoit le poids lourd et ténu de toi
qui es jamais là
ma mémoire est trouée
et mon ventre se gonfle d'une impossible absence
je t'aime
à toi le jour à toi la nuit
à toi la vie

**Adieu les Gen**
c'est pas le monde qui s'en va
c'est pas la terre qui se délite sous nos plastiques
c'est nous qui allons cuire exploser déchanter
l'absolu c'est maintenant pas derrière pas devant
savourons savourons
adieu adieu les Gen
la vie trépasse et la terre nous survit
paniquons ou rions c'est fini
on a bien tourné on a bien dansé
on a bien inventé des salades des histoires
on a bien travaillé on a bien baisé on a bien prié
adieu les Gen c'est mieux de rigoler
comme elles sont bonnes et chaudes
nos poitrines qui chantent
et nos ventres qui dansent
tais-toi celle qui vit tu as croix dans la voix
je suis le jaune des genêts
des boutons d'or et des coucous
je suis le mauve des lilas
le vert des feuilles à peine là
je suis celle que je suis
toi celui que tu es
adieu les Gen

## C’est une ville avec des arbres

*Laurence Vielle et Aurélien Dony*

C’est une ville avec des arbres
et c’est Bruxelles et c’est Namur
c’est Knokke Charleroi Blankenberge
c’est Anvers et Arlon Vancouver et Rotterdam
c’est une ville avec des arbres
c’est toi moi un arbre un arbre encore un arbre
c’est d’abord les arbres qui habitent cette ville
c’est l’arbre pour toi l’arbre pour moi nous pour les arbres le peuple des arbres habite cette ville
Des arbres et pas des petits minuscules ou des domestiques gentils pas des arbres en treillis pas des arbres pour pisse de chien
pas des arbres sortis de têtes gominées qui imaginent des parcs clos où chaque arbre a sa place son matricule et son collier
pas des arbres flétris solitaires et moroses
Des arbres comme... tu sais ?
Et on disloque les pelures de béton qui étouffent la terre on pulvérise les macadams on broie l’asphalte on désagrège le bitume on charpie le goudron on fracasse les revêtements
et on plante là et là et à gogo et à foison
un arbre un arbre un arbre encore un arbre
nous sommes là où les arbres tolèrent que nous

soyons et nous guettons comment les arbres
habitent la cité car vraiment les arbres savent
comment bien habiter
comment renouveler l'air comment collaborer
et aider les plus faibles
et comment sous la terre emmêler nos racines
c'est une ville avec des arbres
et nos maisons sont là,
aux interstices d'une cité habitée par les arbres
ils sont nos gardiens nos maîtres
nous sommes leurs disciples
c'est une ville avec des arbres
notre terreau est leur humus
nous sommes humbles à nouveau de côtoyer
les arbres
et les villes de toute la terre se touchent à branches
nues à branches vertes à branches offertes
C'est une ville avec des arbres
des arbres-frères qui nouent de leurs racines
ta peine avec leur force
et donnent à tes défaites ce qu'il faut de sagesse
pour ne pas en crever
C'est une ville avec des arbres qui ne disent rien
seulement cela, qu'ils poussent bien et qu'avec eux
reviennent les oiseaux les insectes,
les animaux sauvages
et nos chemins s'immiscent en beauté dans leur
épaisseur d'arbres

nous apprenons à nos enfants à vivre avec les
arbres le monde entier vit avec l'arbre
l'eau qui tombe en déluge ruisselle sous la terre
poreuse du peuple des arbres
Une ville avec des arbres oui,
pour que naissent à ses pieds
des Brassens des Beaucarne des poètes et des fous
des hommes des femmes et des enfants
aux yeux plus clairs d'avoir pour ciel des feuilles
diaphanes
des soleils éclatés au faîte des ramures
C'est une ville avec des arbres à planter dans ta
ville
une graine à semer aux trottoirs des avenues
une ville avec des arbres
un poème sur les lèvres des cités de demain

## **Pour un meilleur journal / *een betere krant***

*De eerste pagina* la première page elle est blanche
toute blanche
tu y déposes les nouvelles de ton être
les secousses sismiques de ta nuit, des heures qui viennent de passer,
tu te poses quelques questions : qu'est-ce que tu as mangé hier ? qu'est-ce que tu as aimé ?
qu'est-ce qui t'a fait sourire ? qu'est-ce qui t'a fait trembler ?
à qui as-tu parlé ? quelle parole importante ? à quelle heure t'es-tu réveillé ce matin ? quel voisin tu as salué ? quels chemins as-tu arpentés ? quelle chanson as-tu chantée ?
tu écris tes nouvelles sur la page blanche
et tu inventes le titre du journal du jour

*De tweede pagina*, la deuxième page du journal
c'est l'histoire d'un héros invisible,
celui qui a traversé les mers et les pays pour venir jusqu'ici
c'est une double page tu y suis un parcours de vie
ou l'histoire de celle qui façonne le pain dès le petit matin pour que tu l'achètes cuit
ou l'histoire du balayeur, ce qu'il a ramassé d'inat-

tendu aux interstices des trottoirs et des rues,
nos débris minuscules qui déboulent sur la terre

La troisième feuille du journal
c'est une feuille bien sûr une feuille d'arbre et
on te dit de quel arbre vient la feuille
elle est là très grande sur la page tu la regardes
on te dit de quel pays vient la feuille
elle t'aide à mieux regarder les arbres
tu aimes les arbres

La quatrième page du journal c'est un poème
avec un lien sur YouTube
et tu le lis en écoutant une musique sublime

La cinquième page du journal
ce sont des offres d'emploi pour tout petits métiers
niveleuse de pavés réparateur de cœurs fêlés
essuyeur de larmes capteuse de soleil vitrier
j'invoque les petits métiers
boucheur de trous faiseuse de syllabes nouvelles
retourneur de langues semeuse de graines j'invoque
les pollinisateurs offreurs de verres d'eau de pluie
guetteuses d'arc-en-ciel

La sixième page
c'est un immense dessin à colorier,
contemporain ou ancien il se rappelle à ta mémoire

quand tu le colories
ça fait du bien

La septième page du journal
ce sont quelques nouvelles du monde épinglées,
papillons morts sur le journal

La huitième page du journal
c'est un mouchoir en papier
parce que les nouvelles du monde
choisies par les journalistes
sont souvent tristes à pleurer

La neuvième page du journal
c'est une voix écrite en grandes lettres qui dit
allez maintenant commence ta journée il est temps
tu as fini de boire ton thé il est temps oui temps
de commencer la journée
lève les yeux respire souris regarde le monde
autour de toi il recommence chaque matin et c'est
par toi

Et sur la dixième page que tu regardes encore
avant de te lever
c'est le dicton du jour
et puis bien sûr
la météo du jour
et pour finir

c'est une histoire d'amour
fantastique ou très simple
une histoire d'amour
qui te donne
envie
d'aimer
la vie

Alors le sourire aux lèvres tu te lèves
tu fermes le journal tu payes ton thé ton café
tu t'en vas et
la onzième page que tu ne vois pas
l'ultime page du journal fermé
c'est une couleur indicible
celle de la lumière qui entre dans le café
où tu as replié le journal
la lumière du matin ruisselle sur la dernière page
tout est bien

**Un lieu**

un lieu où
un lieu il y a une route pour y arriver
un lieu il y a une allée pour atteindre la porte
un lieu quelqu'un frappe à la porte tu ouvres ça te fait sourire d'ouvrir à quelqu'un la porte
un lieu tu dis enlevez votre manteau et vos chaussures aussi si vous le désirez quelqu'un enlève son manteau ses chaussures le grand portemanteau dans le hall peut recevoir beaucoup de manteaux des bonnets des écharpes des gants et en dessous sont déjà posés des chaussures bottes baskets pantoufles
un lieu pour se réchauffer c'est par ici juste à gauche après l'entrée il y a le feu allumé dans la cheminée quelqu'un entre par ici s'assied sur le tabouret et regarde les flammes
un lieu il y a l'escalier en bois qui monte à l'étage il y a des grandes dalles qui mènent au fond de la maison et là peut-être il y a la mer
un lieu où est écrit j'aime derrière chaque porte j'aime derrière la porte d'entrée en très petit à hauteur de chat c'est un enfant qui dit il y a quelque chose là écrit en bas de la porte en très petit et sur la première marche de l'escalier il est écrit j'aime aussi

un lieu où aujourd'hui une femme en partant a refermé la porte sur un coin d'écharpe rouge trois fils jour et nuit sont restés là au vent dans la porte fermée
un lieu où l'on se retrouve le soir pour raconter la journée peut-être que tout le jour on est resté assis dans un coin de ce lieu à regarder le feu
un lieu où l'on habite parfois pendant un jour ou deux ou plus on ne sort pas du lieu le bois de la table est un peu éteint on le frotte longtemps on le caresse on le nourrit avec l'huile de lin
une porcelaine s'est cassée en dizaines de bris on passe le jour entier et même une partie de la nuit à rassembler les morceaux quand le matin se lève les fêlures ont disparu
dans un coin de la salle à manger l'horloge de mon père la vitre est enlevée les aiguilles arrêtées la petite entre le huit et le neuf la grande sur le trois le balancier un cercle de cuivre et le poids en laiton *à Hannut* il est écrit sur le cadran blanc aux heures noires le temps n'avance plus pour l'éternité je connais le bruit sourd du balancier il bat à la place de mon cœur
et si l'on tourne en rond dans ce lieu-là c'est avec les enfants qui y chantent les rondes j'ai perdu mon mouchoir ronron macaron sur le pont d'Avignon et toutes les autres rondes qui font danser les petits enfants

## La couverture piquée

Aujourd'hui 18 mars c'est la journée du sommeil à Jarny et dans la France entière peut-être au monde entier / sommeil le grand sommeil / j'ai dormi bien dormi si bien dormi sur un matelas en laine de mouton sous la couverture piquée d'Anne-Marie qui m'accueille à Jarny la femme d'origine yougoslave qui a repris la baraque en bois de ses parents arrivés à Jarny après la guerre / ils ont cardé la laine pour le matelas et pour la couverture piquée et c'est la petite voisine du bout de la rue qui a ramené le tissu d'Italie pour la couverture piquée et la laine de mouton a été donnée par les voisins plus là de l'autre côté de la rue et la mère yougoslave d'Anne-Marie a apporté la laine avec sa brouette au lavoir du vieux Jarny pour la laver et le père yougoslave l'a étirée avec une machine à carder / Anne-Marie était assez grande c'était l'époque où la cousine yougoslave vivait chez eux celle qui est retournée en Yougoslavie pour épouser un Yougoslave d'un village voisin parti en Australie comme d'autres Yougoslaves à l'époque pour y refaire leur vie une communauté là-bas en Tasmanie d'artisans yougoslaves maçons etc. / à l'époque d'Anne-Marie jeune fille à Jarny ses parents refaisaient sa chambre un nouveau lit et l'âge de recevoir une couverture piquée / la chambre dans la baraque en bois quatre pièces crépi sur la façade car les étrangers après la guerre n'avaient pas le droit de construire mais de poser une baraque sur fondations ça oui ils pouvaient / une fondation bien solide béton bleu pour poser la baraque du baraquement du camp américain bien solide la fondation / mais sous la baraque en bois juste en dessous il y a une galerie profonde de deux cents mètres la galerie des mineurs de Moulinelle la galerie désertée depuis le début des années 80 / elle s'est affaissée la galerie il y a dix ans à peu près sous les fondations sous le lit d'Anne-Marie sous la couverture piquée / et ça a fissuré grosse fissure qu'on voit toujours aux murs de la baraque en bois renforcée maintenant et ça a fissuré le mur du voisin aussi on voyait le matin jusque dans sa salle de bains / et Anne-Marie quand elle était jeune fille chaque jour elle entendait à 13 h à 22 h les explosifs au ventre de la terre là sous les fondations béton bleu sous son lit sous sa couverture piquée elle entendait gronder deux fois par jour les explosions de la mine de Moulinelle à l'heure de la relève / et ça faisait ronronner la baraque en bois quatre pièces la baraque du camp américain de Chambrey / quand le camp s'est vidé après la guerre restaient les baraques et le papa yougoslave d'Anne-Marie est venu chercher sa baraque en bois pièces détachées avec un camion pour la poser sur un terrain qu'ils avaient pu acheter où ils ont mis poules lapins potager groseilles à maquereau arbres fruitiers / c'est la journée du sommeil aujourd'hui à Jarny dans la France entière peut-être même au monde entier et j'ai dormi bien dormi si bien dormi sous la couverture piquée par la maman yougoslave d'Anne-Marie / l'est devenue un peu pi un peu pipiquée la maman yougoslave arrivée aux années 30 pour travailler aux champs / dépression la maman qui fabriquait des gants en dentelle crochetés à la ville là-bas plus loin la maman couturière agricultrice femme d'ouvrage la maman-tout la maman ouvrière qui a fait passer le bac à ses enfants qui leur a appris à économiser plutôt que s'amuser la maman qui a fini sa vie dans maison de retraite sans plus voir son mari décédé avant elle la maman qui a trop porté elle a fini un peu pipiquée piquée de dépression piquée de sa vieillesse la maman yougoslave qui a piqué la couverture du lit où je dors quand Anne-Marie était jeune fille qu'ils ont refait sa chambre dans la baraque en bois du camp américain transportée à Jarny / c'est la journée du sommeil et je me piquerais bien au rouet pour y dormir cent ans sous la couverture piquée posée sur mines de fer sans mineurs aujourd'hui à Jarny où le ventre de la terre minée sommeille

**J'ai le cœur gonflé d'amour** je suis là tu es là
je te raconte une histoire
c'est l'histoire d'une fille elle était toute petite
on l'appelait pas plus haute que trois pommes
elle est sortie du ventre et puis elle est sortie de son lit et puis elle est sortie de sa chambre et puis elle est sortie de sa maison et puis elle sortie de sa ville et jamais jamais rien ne l'a écrasée toujours il y avait des mains pour la retenir la caresser l'accompagner même quand elle sortait de la ville elle savait qu'elle pouvait revenir il y avait toujours des mains et des visages pour la recevoir quelque part
elle était grande à la fin cette fille grande
En te racontant cette histoire je me dis que le bonheur c'est ça sortir revenir sortir oser avancer et toujours quelqu'un pour t'accueillir
Je suis là tu es là j'ai le cœur gonflé d'amour
En même temps que cet amour brûle en moi pour toi, une jeune femme ne quitte plus sa maison ne quitte plus sa chambre ne quitte presque plus son lit même m'habiller le matin c'est difficile m'habiller le matin c'est un effort énorme elle dit que je ne l'écoute pas que je ne comprends pas j'ai le cœur gonflé d'amour elle dit rien ne gonfle mon cœur les saisons nous appellent rien ne m'appelle

au dehors la rue change sans cesse et ses façades et ses pavés elle dit non rien je dis qu'est-ce-que je dis ? j'ai le cœur gonflé d'amour elle dit rien rien ne m'appelle

Toi tu lui répondrais quoi ? à cette jeune fille-là, tu lui dirais quoi ?

Je vois sa jeunesse immobile personne pour la caresser sa jeunesse je vois ses mains inutiles chaudes ses mains quand elle les pose sur mes épaules c'est doux et chaud elle répond non non des dessins sortent de tes mains tu aimes dessiner ? oui oui mais non non

j'ai imaginé qu'elle jouait du djembé dans le salon de la maison les battements de ses mains sur la peau du djembé font danser le quartier tam tatatam tatatam tam tatatam tatam tatatatam tatatam tatatatam tatatatatatam tu entends ? tamtatatam tatatatatatam tatatatam tatatatatatatatam ça danse dis danse allez danse tu entends tout ce qui danse au bout de ses mains ? tatatatatatatam tatam tatatam tu entends le monde qu'elle soulève avec ses mains ? tatatam tatatatam allez ça danse et danse le monde danse au bout de ses mains

mais non dit-elle rien ne m'appelle

m'habiller le matin c'est difficile

je regarde le monde avec ses yeux je ressens le poids qui pèse pourquoi sur elle

tout à l'heure tu la reconnaîtras tu lui diras je

t'emmène à un endroit qui m'éblouit et elle sera éblouie j'aimerais que tu la reconnaisses
j'ai le cœur gonflé d'amour il y a dans une chambre de ma maison une jeune femme qui ne dit mot
je suis là tu es là je te raconte l'histoire d'une fille
elle était toute petite on l'appelait pas plus haute que trois pommes
elle est sortie du ventre et puis elle est sortie de son lit et puis elle est sortie de sa chambre et puis elle est sortie de sa maison et puis elle est sortie de sa ville et jamais jamais rien ne l'a écrasée toujours il y avait des mains pour la retenir pour la caresser pour l'accompagner
même quand elle sortait de la ville elle savait qu'elle pouvait revenir qu'il y avait toujours des mains et des visages pour la recevoir quelque part
elle était grande à la fin cette fille grande
En te racontant cette histoire je me dis que le bonheur c'est ça sortir revenir sortir oser avancer
et toujours quelqu'un pour t'accueillir
je ne sais plus quoi dire
j'ai le cœur gonflé d'amour

**C'est une fille elle est poreuse**
poreuse mais vraiment poreuse
elle prend tout dans les pores de sa peau
ça veut dire que tout rentre en elle
le monde entier entre dans la fille poreuse
et ça veut dire le ciel et la pluie et le soleil
et le vent et le miaulement et vraiment tout rentre dans la fille poreuse et son père et sa mère la traversent et sa sœur et ses amis et la tourmente du monde entre dans la fille poreuse et elle-même entre par tous les pores de sa peau et quand elle tatoue un oiseau sur son bras il rentre dans son corps
pas possible de sortir de chambre quand tout
le monde rentre dans ta peau
je voudrais que le monde la laisse un peu tranquille et sa mère et son père et ses aïeux et ses futurs et l'oiseau qui chamboulent sous sa peau
elle dit cesse de parler ta voix entre trop fort en moi fort les intonations de ta voix entrent trop fort en moi tu voudrais une autre fille ? non non je ne veux pas une autre fille
j'aime cette fille-là cette fille si douce
fille poreuse et frêle qui va naître au soleil

**Ils ont envie d'être au soleil**
assis sur un banc au soleil
l'important pour eux
en ce moment c'est le soleil
les pigeons picorent des miettes
sur son pied nu en sandale d'Italie
une miette qu'il chasse
le pigeon la poursuit
pour une miette tous les pigeons
s'agglutinent devant leurs pieds
ils égrainent quelques paroles
le tableau troué de l'année à venir
l'important pour eux
en ce moment c'est le soleil
le travail et les enfants
rayonnent sous leurs pupilles
le temps passe entre eux en eux autour d'eux
le temps les grignote
ce qui reste pour toujours au-dessus d'eux
sur leur visage sur la peau des pieds
à travers les lanières des sandales
ce qui reste et les réchauffe
en ce moment c'est le soleil

**On peut perdre des plumes** parce qu'un chat nous a attrapés
on peut perdre des plumes parce qu'on a reçu un coup du hasard un coup de fouet un coup de matraque un coup du destin un coup dur un coup de mou
on peut laisser des plumes parce qu'on a reçu trop de caresses
on perd des plumes parce qu'on vieillit des plumes nouvelles apparaissent les anciennes tombent
on perd des plumes comme on perd des sous, poches trouées
on perd des plumes parce que quelqu'un s'accroche à nous
on perd des plumes parce que le vent souffle fort
on perd des plumes parce qu'il fait si sec qu'elles se dessèchent et parfois on les perd parce que c'est la saison de les perdre
dans la vie on perd des plumes
on perd des plumes quand un amour nous quitte
et on retrouve des plumes quand un nouvel amour arrive
on perd des plumes comme on perd la mémoire ou ses clefs on en perd souvent des plumes
parfois on trouve une nouvelle plume on la prend avec soi on trouve qu'elle va bien avec les plumes

qui sont là
parfois on perd une plume parce que l'on se l'arrache soi-même pour chasser un insecte ou pour se défendre petite épée de plume
parfois aussi on s'arrache une plume pour s'en faire une moustache ou les aiguilles d'une montre
– on peut vivre de sa plume / ce n'est pas la plume qui fait le bel oiseau dit-on –
ah on en perd des plumes des plumes et des plumes
parfois on se déplume tout à fait on est nu c'est un grand bouleversement on n'est pas sûr qu'on retrouvera des plumes et puis hop une plume arrive et puis une autre on se remplume
parfois quelqu'un nous déplume ça peut faire mal ou parfois on ne sent rien
ah on en perd des plumes dans le chemin d'une vie
on peut prendre des plumes qui ne sont pas les siennes pour voler différemment
parfois on se remplume entièrement un nouveau plumage on fait le paon on est fier mais pas trop parce qu'on sait que ça se perd d'un coup de vent ou de colère d'un coup de n'importe quoi d'ailleurs
ah les plumes les plumes et les plumes
parfois on en a trop ça pèse lourd ça donne chaud on les secoue
parfois on perd une plume parce que quelqu'un court trop vite et nous fait tourner en bourrique
dans la vie on perd des plumes parce que quelque

chose nous échappe toujours
parfois dans le silence on retrouve une plume perdue parfois dans le silence on éprouve que tout passe et s'efface comme une plume
on peut être léger comme une plume
ah plumes plumes les plumes
Je ne connais pas toutes les plumes de ton plumage je ne connais pas toutes les plumes de mon plumage on oublie des plumes qui furent nôtres et d'autres perdues nous blessent encore un peu
mais ce qui est sûr c'est que tes plumes forment un oiseau et les miennes forment un oiseau et nos oiseaux composés de tant de plumes d'autruis d'inconnus d'à venir d'anciens d'oubliés d'obscurs et de lumineux nos oiseaux déplumés remplumés nos oiseaux éphémères et en métamorphose toujours tant que l'on n'est pas mort nos oiseaux du jour et de la nuit chantent oui chantent nous sommes les oiseaux métissés et splendides de la transition
ce qui est sûr oui c'est qu'avec toutes ces plumes
on peut créer des nouveaux oiseaux

**Qu'est-ce qui te fait vivre ?**
ferme les yeux si tu veux et prends le temps de répondre qu'est-ce qui te fait vivre ?
t'es pas mort mais ça a craqué en toi imagine
crac
en toi
crac
et après ça
après le
crac
dis allez dis-moi qu'est-ce qui te fait vivre ?
le sang dans tes veines ton cœur qui bat tes pieds qui marchent le souffle qui te traverse ta pensée la force de ta pensée qu'est-ce qui te fait vivre ?
le feu le feu dans la cheminée un bout de ciel
ton chez-toi qu'est-ce qui te fait vivre ?
ton amour l'amour ta famille Dieu les substances ha llu ci no gènes qu'est-ce qui te fait vivre ?
la nature la grande nature tes enfants ton geste de peintre le cadre la structure les gestes du quotidien les rythmes du quotidien qu'est-ce qui te fait vivre ?
le soleil la vitesse le danger la parole échangée ?
l'eau un bon repas une bonne bouteille de vin ?
la ville la campagne la mer la montagne ?
le rêve un rêve te fait vivre ?
un projet te fait vivre une passion la passion ?

les yeux des femmes les yeux des hommes le corps des femmes le corps des hommes ? La tendresse ? un livre c'est ça ? quel livre te fait vivre pour le moment ?
qu'est-ce qui te fait vivre la beauté ?
rire prendre soin des autres danser jouer aimer caresser fumer boire aider dormir t'arrêter marcher chanter visiter écouter regarder toucher crier qu'est-ce qui te fait vivre ?
les saisons l'odeur des saisons qui reviennent toujours qu'est-ce qui te fait vivre ?
le silence peut-être
le silence
la musique ?

**Aboyeur** / acclamateur / accordeuse vocal /accoucheuse de mots / acteur / affabulateur / agitateur / annonceur / appeleur dans le vide / argoteur / augureur / auteur / babbeleuse / babillarde / babineuse / baratineuse / bateleur / bavarde / bavasseur / beauparleur / blablateur / blasphémateur / brailleur et braillarde / bonimenteur / bonisseur / boucheur de trou / bouleverseuse de langue / brodeuse / cailletineuse / cancaneur / caqueteuse / causeuse / cédeur de parole / chaman / chanteur / charretier / charrieur / châtieur de langage / choriste / clabaudeuse / claqueur de langue / clown verbal / colporteur / coupeur de paroles / commère / conférencier / confidencière / contestataire / conteuse / contradicteur / contrarieur /contrepétriste / crâneur / créateur de mondes / criard / crieur public / débagouleur / débatteuse/ déblateur / déclamateur / décréteur / délateur / dégoiseur / disserteuse / délivreur de paroles / dérouleur de langue / détourneuse de pensées / dévoileur de secret / dialogueur / dicteur / dikkenek / discutailleur / discoureur / diseur / diseuse d'avenir / divagateur / donneuse de leçons / donneur de langue au chat / doubleur / échauffeur de cervelles / éclateur de rire / écrivain / égraineuse de syllabes / élucubrateur / embobineuse / enchanteur / enjoliveuse / entourloupeur /

épeleur / épilogueur / espérantiste / fabulateur / faiseur de morale et de brins de causette / faiseuse d'histoires / franc-parleur / fumiste / frissonneur de papilles / gardeur de langue en poche / gloseur / grammairienne / griot / hâbleuse / harangueur / harponneur / horloge parlante / hurleur / imitateur / imprécateur / improvisateur / incantateur / intarissable / intervieweuse / jaboteuse / jacasseuse / jardinier de la langue / jaseuse / jaspilleur / jaspineuse / jazzeur / karaokeur / lâcheur de vannes / lanceur de slogans / langue fourchue / langue bien pendue ou perdue / langue de bois / lantiponneuse / lecteur / relecteur / locuteur / logophage / mâcheuse de mots / maître-chanteur / marchandeuse / maugréeur / médiseur / messagère / meubleur de silence / miroboleur / miroiteuse / monoglotte / monologueur / monteuse en épingle / morseur / moulin à paroles / muette / murmureuse / obsédé textuel / onomatopeur / orateur / palabreur / papoteuse / paraphraseur / parchœuriste / parleur de barbe ou de moustache / parleur de pluie ou du beau temps / parleur de tout de rien en boucle et à la cantonade / parleur en l'air parleur gras parleur d'or / parolier / péroreur / péronnelle / perroquet / pétroleuse / piailleur / pinailleuse / pinceur de bouches / placoteur / poète / polyglotte / poseur de voix / postillonneuse / potineuse / prêcheuse / prédicateur / preneur de parole /

présentateur / prieuse / proférateur / prolixe / prophète / prosateur / puriste / querelleuse / raconteur de bobards / radoteuse / ragoteuse / ramageuse / rappeur / raisonneuse / ramenard / rapporteuse de la maison cinq centimes pour ta chanson / réclameur / réévolutionnaire / répétiteur / répondeur téléphonique / reteneur de langue / rimeur et rimailleuse / rugisseuse / sentenceur / sermonneuse / signeur de mots / slameuse / sonneur de cloches / souffleur / speaker / surenchérisseuse / susurreuse / taiseuse / taciturne / tailleur de bavettes / tapeuse de discutes / tarisseur d'éloges / tchatcheuse / teneur de jambe / timbreur de voix / titilleuse / tourneuse de phrases et de langue sept fois dans ta bouche / traducteur / tueuse de silence / tutoyeur / verbeuse / versificateur / vocaliseur / vociférateur / voix de crécelle / voleuse de paroles / volubile / vrilleuse de vocables / amoureuse / amoureuse de la langue /

**Le sept novembre**
Je me sens un peu bête puisque je perds tout
je perds tout je veux dire je perds toi
et je me sens bien bête
c'est le temps confiné tu dis que tu t'enfermes
toi qui partages mes nuits mes jours
tu ne veux plus me voir
et tu vis aux confins de la vie
j'en perds la parole
je ne peux plus te dire les mots que j'ai pour toi
et tout se tait en moi
une mer qui s'assèche un désert qui s'installe
tu vis ta vie tu dis
que c'est facile pour toi
de vivre ainsi reclus
tu pourrais vivre toujours
comme ça moi pas
tu m'appelles parce que tu veux savoir
si j'ai été prudente
si j'ai gardé mon masque
tu surveilles de loin les lignes que je trace
entre deux points
tu guettes des bizarreries
dans les horaires de mes sorties
je me balade c'est tout
je choisis de marcher

de me tenir debout de croiser les amis
je te rassure prudente je suis prudente
l'on se tient à bonne distance sur la scène
on ne s'embrasse pas
dans les transports on met le masque
tu continues à vivre loin
une semaine passe puis deux puis trois un mois
je te croise un soir en vrai
après t'avoir en silence guetté
tu me fuis comme peste je m'enfuis en tristesse
risque zéro tu cherches
je vis mobile tu vis figé
tu me proposes une promenade
à distance et masqués
nos paumes pourront s'effleurer
et j'imagine la quantité de gel
sur tes mains le temps que tu les
passeras sous robinet
trop peu pour moi je dis
et je me sens bien bête puisque
je perds tout tu vois
mon désir de te toucher est fort
je mendie les gestes de l'amour
tu refuses je m'effondre
sans effleurer ta paume
je marche dans la ville
de mon cœur solitaire

**Deux novembre** *parc de Forest jour des morts*
on sent que ce n'est pas loin
juste un pas
quand plus rien ne nous retient
ce n'est pas loin
c'est ineffable et tout près
c'est contre moi et c'est pas là
je pense à eux je les vois
Michel René Philippe Rio Jean-François
Pascal Manon Jean Alfred Léna
Éliane Quitterie Benjamin Werner Antonio
André Luc Hélène Tilla Nanou Bruno
ce n'est pas loin c'est tout près
les arbres le savent qui ont le temps
de tous nous voir passer par là
les arbres le savent
que c'est tout près qu'ils sont partis
il y a du vent aujourd'hui
il sera là après nous il était là avant nous
et je joue aux oiseaux dans le ciel
je joue au tronc d'arbre je joue à la terre
je joue à vent je joue à chemin boueux sous les pas
je joue à branche qui s'agite
je joue à temps qui passe et à temps qui s'arrête
je joue à cœur qui s'effrite
je joue à ceux qui sont plus là et à ceux qui sont là

il y a un loup dans le bois
je joue à enfant qui marche sur le tronc d'arbre
je joue à visage sans masque
je joue à personne dans ma main
je joue à je suis morte tout est comme sans moi
rien ne change et tout ne change pas
je joue je joue à je t'aime ou je t'aime plus
je joue à je suis seule à je sais plus
je joue à je cherche Martha Argerich dans les rues
de Bruxelles
je joue à chimpanzé dans une cage au zoo
d'Anvers
je joue à vent vent toujours vent
je joue à joie joie toujours joie
je joue à tout contre un arbre un arbre mort
c'est fort un arbre mort ça reste vivant longtemps
on peut faire du feu avec un arbre mort c'est fort
ses écorces ressentent encore les saisons
et sous la terre les corps morts c'est pareil
ça ne se décompose pas tout de suite
je sens la force de l'arbre mort contre lequel
je m'appuie
je joue à c'est ça la mort je joue à c'est ça la vie

**C'est un poème qui a rien à voir**
rien à voir avec rien
il n'y a rien à voir dans ce poème
et ça n'a surtout rien rien à voir avec aujourd'hui
ni avec hier ni avec demain
c'est un poème de rien à voir
de rien à entendre de rien à sentir
de rien à dire rien rien rien rien à dire
c'est un poème pour rien et pour plus rien
surtout plus rien
et pour rien à voir avec rien du tout je te le dis
c'est un poème pour pas là-bas pour pas ici
pour nulle part c'est un poème ni vert ni rouge
ni jaune ni noir ni bleu ni blanc ni mauve
c'est un poème rien à voir
des mots pour rien pour faire rien
des mots pour vide avides de vide
c'est un poème de vide et qui n'a rien à voir
rien à voir rien à boire
rien à manger rien à cirer rien à parler
rien à faire rien à taire rien à venir
rien à passer rien à penser
c'est vraiment rien passe ton chemin c'est rien à voir
c'est un poème même pas pour lune ou pour ciels
ou pour étoiles ou pour gens
c'est pas pour rue ni arbre ni campagne ni forêt

ni ville ni galactique ni océan ni animal
c'est pour rien et pas pour toi même pas pour moi
c'est rien je te dis passe ton chemin
c'est un poème rien à voir rien à voir
je dis rien à voir poème rien avoir
oui c'est ça
rien avoir plus rien n'avoir
n'avoir plus rien que le poème à la bouche
comme une fleur entre les dents
et te crier passe ton chemin passant
passe et passant, embrasse-moi enlace-moi
passe ton chemin et touche-moi
touche oui touche touche touche-moi
et aimons-nous aimons-nous là maintenant ici
aimons de n'avoir rien de ne rien avoir
passe ton chemin embrasse-moi
c'est rien c'est pour rien embrasse-moi pour rien
pour rien avoir
pour juste lèvres à d'autres lèvres
et langue à d'autres langues
y a rien à voir je te dis
embrasse-moi et passe
passe pour rien
tout est fini et tout est dit
c'est n'avoir rien plus rien avoir
n'avoir plus rien que le poème à la bouche
comme une fleur entre les dents

# TRAVERSÉE*

* Tous les poèmes qui suivent sont issus de recueils publiés chez divers éditeurs. Voir en fin d'ouvrage.

**Je danse**

— Et pour le roi Ouloumbalé, vous avez dansé ?

— Oui

— Et pour l'empereur de Néo Aristie ?

— Oui, aussi

— Et le Rabbin des Phatitiques, vous a-t-il vu danser ?

— Oui, oui oui

— Et le prince Cygogne de Popotamie ?

— Bien sûr

— Et la grande reine d'Allégrarine ?

— Oui

— Et les cîmes d'Hystagore ?

— Aussi

— Et la Blanche Aline vous-a-t-elle vu danser ?

— Mais oui

— Alors tous vous ont vu danser ? Tous tous ?

— Tous tous tous, oui, tous les visages et tous les points du monde, et les forêts orléanes et les déserts pitracopes et les mers amnésiques et les villes arthuriennes.

J'ai dansé sur les sommets les plus aigus. J'ai dansé sur les sables les plus fins, sur les mousses les plus langoureuses et aux fumées les plus veloutées, j'ai dansé sur les tapis d'orages, les animaux fiévreux ont posé sous mes pieds leurs fourrures, j'ai dansé et les nuages se pâmaient, sous tous les cieux j'ai dansé. Et sous le ciel magistral d'aujourd'hui. Chacun de mes pas dansait. Le plus pauvre du monde m'a vu danser, il riait. Le plus fortuné m'a vu danser, il pleurait. J'ai dansé dansé dansé. J'ai tourné tourné tournoyé, dans les rues les hommes m'enlaçaient un moment la taille, et tous, je les enlaçais dans mes longues jupes. J'ai dansé en cercle, en carré, toutes les formes j'ai dansé, j'ai dansé tourmentée, j'ai dansé le premier souffle de l'enfant, le dernier souffle du vieillard, j'ai dansé en silence, j'ai dansé dans les vents, toujours j'ai dansé, dormant, criant, rêvant je dansais, je dansais toujours. J'ai dansé immobile, j'ai dansé invisible, j'ai dansé toute petite, j'ai dansé grande géante, j'ai dansé en poussière, la tête renversée, les hanches ouvertes, j'ai dansé coupée en deux, j'ai dansé plus grande que moi, j'ai dansé la tête fendue, les yeux écarquillés, j'ai dansé le corps plus lisse qu'une pêche, j'ai dansé ensanglantée, j'ai dansé irréversible, j'ai dansé froide, j'ai dansé plus maigre qu'un os, j'ai dansé plus légère qu'un voile, j'ai dansé plus épaisse qu'une montagne, j'ai dansé raide, j'ai dansé en déroute, j'ai dansé sans vouloir danser, j'ai dansé ne sachant pas que je dansais, j'ai dansé violée, j'ai dansé en miroir, en cascade, en fleur, en prière et sirène, j'ai dansé baleine et citrine, sourde et sibylline, j'ai dansé avortée, j'ai dansé sans parents, j'ai dansé sans amis, j'ai dansé en famille, je ne sais plus ce que veut dire danser, j'ai dansé, j'ai dansé, pourquoi j'ai dansé, je ne sais pas, je ne sais plus, un instant un homme me prend la taille et me dit : arrête-toi de danser. Il fait chaud chez lui ; les tapis sont des aiguilles de pin dorées. Je repars encore, je repars, et je danse, je danse encore, pour ne plus m'arrêter, pour ne plus savoir que je danse, pour ne plus dire je danse, je danse pour que la danse soit plus vivante que moi-même, je danse pour que mon corps soit plus amnésique que moi-même, pour que mon visage soit plus présent que moi-même, je danse pour danser, je danse empalée, je danse envolée, je danse mouette, je danse confiture, je danse branche morte, je danse bleu, je danse Lou, pourquoi je danse, je danse morte, je danse vive, je danse disparue, je danse voilà, je danse débris, je danse béton, je danse métro, je danse suicide, je danse aïeul, je danse Ha, je danse Rajades, je danse cravate, je danse Babel, je danse Sarah, ébranlée je danse, charmée je danse, au diable je danse, pourquoi je danse, je danse et je danse au bûcher, je danse chat et je danse, je danse, pourquoi je danse, je danse quiquine, quaquane et quoquone, je danse blatte et blette, quichotte et quachette, je danse papa, je danse pipi, je danse popo, je danse carafe ou ruisseau, je ne sais plus ce que veut dire danser, je danse tout vite, je danse tout va trop vite, je danse en pensant aux grandes solitudes dansantes, je danse en souriant à l'homme qui marche dans la ville plus impalpable que son ombre, je l'aime, je danse, je danse pour me faire prendre encore par le rire quand ma danse rencontrera dans la lumière qui sculpte, un grelot de rire en attente d'éclat, je danse, à côté de moi-même me narguant, sur moi-même me piétinant, en moi-même me déchirant, me découpant, au bord de moi-même me caressant, je danse, je danse, je danse, prenez-moi par la main

**Mathilde**

À la terrasse du café
on se parle  on se raconte des histoires
sur la table  deux grenadines et une menthe à l'eau
c'est vrai

Mathilde est une femme
une femme qui marche
marche mais
tombe toujours elle tombe
parce que sa marche a le mouvement d'une
toupie D'abord
elle marche juste elle
marche droit puis elle
balance de plus en plus fort elle
balance elle balance
violente elle
balance elle balance
si
fort qu'elle heurte les gens d'abord
puis les
murs (s'il y a des murs)
de mur en mur elle balance de mur en mur
elle se blesse
le front saigne la tête blessée
des otelles sur le cou de Mathilde

qui ne cesse de balancer
elle ne peut s'arrêter
sans cesse  elle balance
puis elle touche le sol avec son épaule puis
le sol avec l'autre épaule
ses os se brisent sur l'asphalte de la rue
Mathilde hurle en balançant Mathilde
hurle

Mathilde est une femme
belle
Mathilde est belle quand elle est perdue

Mais des hommes arrivent
la prennent
par le bras par
le coude
l'accompagnent en
chemin Mathilde qui ne cesse d'avancer
Mathilde marche de
bras en bras
qui l'accompagnent
l'empêchent de balancer
on dit que Mathilde a fait le tour
du monde déjà de
bras en bras
pour ne pas tomber
on l'entend rire parfois

et les hommes qui ont accompagné
Mathilde
ont pansé ses blessures
on les reconnaît parce qu'ils
ont un peu la beauté de
Mathilde
ou un peu
son sourire ou bien un peu son
regard ou un peu son
pas

On les rencontre parfois à la terrasse d'un café
on voudrait s'arrêter
mais on a
peur aussi qu'ils vous prennent pour
Mathilde
et vous accompagnent un
peu.

**Je suis né avec le vent**
ce furent les jours d'une grande tempête
une tempête magnifique
les arbres d'abord luttèrent
luttèrent contre le vent qui les arrachait à la terre
les arbres luttèrent des nuits et des nuits
on entendait crier leurs racines
des longs cris longs cris
qui roulaient comme des serpents sous la terre
et puis les arbres s'envolèrent

Ce furent les jours d'une grande tempête
magistrale la tempête
Ensuite la terre
la terre sous laquelle s'infiltra le vent
par un trou tout petit trou
(celui où j'ai enterré ma dent
ma dent de lait qui a troué la terre
petit sabot blanc de ma bouche)
Là s'infiltra le vent
quand déjà les épouvantails
plantés comme des pieux
qui dans les anciens temps clouèrent les carrés de terre
quand les épouvantails eux-mêmes dansaient dans les étoiles

grande farandole qui n'effrayait plus personne

Alors se souleva la terre
se souleva la terre comme des feuilles légères
mais c'étaient des grandes bandes de terre

Et on put voir des troupeaux d'hommes
se battre avec la terre
y plantant leurs pioches
y plantant leurs corps
mais la terre battait des ailes
nue comme un ver la terre nue
le grand effroi de la terre à vif
Et alors alors

On vit les os des morts oh oui
on vit les os des morts tournoyer dans les airs
les os des anciens vivants
et ça faisait chanter les oiseaux
ça faisait rire les enfants
ça faisait valser les jeunes fiancées
qui avaient trop tôt perdu leurs amants
et dont les yeux s'étaient éteints
en même temps que le corps de leur homme pour-
rissait sous la terre
elles reconnurent leurs anciens vivants
à un angle de la hanche ou du visage
et les couples s'envolèrent

des cascades de rires tombaient comme la pluie
du ciel

Parce que les os claquaient dans le ciel
claquaient cliquetaient
ça faisait des mots jolis et bien sonnants pour
les donzelles
« je regrette je regrette grette grette
je grelotte je grelotte lotte lotte
sans tes bras sans tes brassades tes embrassades,
tes débordades banderolantes sous la terre »
Et les os des anciens vivants faisaient des musiques
nouvelles
en toquant contre les dents des bouches ouvertes
ivres de joie des belles femmes
« toctoctoc ouvre-moi la porte
toctoc toctoc toctoc »

Et le vent le vent
aux portes ouvertes des belles bouches
se pressa
et le vent le vent
maria les os d'un ancien vivant
au ventre rouge d'une femme

Je suis né avec le vent
je n'ai pas vu tout ça
on me l'a raconté ma mère me l'a raconté

je suis né au milieu des jeunes pousses
quand la terre entière était calmée
je suis né sur la terre balbutiante et étonnée
de ses neuves pelures

Il y a entre les dents de ma mère
un petit os
tout petit
petite semence

Quand je suis sorti du ventre de ma mère
le petit os a cliqueté son dernier chant contre ses dents
« bonjour mon petit enfant mon tout beau mon moineau
tu as les cheveux noirs et mouillés de ton père
et tu gigotes ta tempe bat doucement
Vis vis mon enfant tout chaud
vis mon petit garçon »

Bonjour bonjour
ma mère est mère d'un tout petit enfant
et quand il y a du vent
doucement mes yeux pleurent
et quand il y a du vent
mes jambes s'agitent et m'emmènent
où où où où où où où où où
plus personne ne m'attend

la terre est calme maintenant
les morts sont bien sages dans leur berceau
les oiseaux piaillent tout ébaubis
et ma mère colore ses lèvres
pour babiller avec les vivants
bonjour bonjour

Vivre une seconde ou mille ans
c'est la même chose c'est la même chose
chante le vent dans mes oreilles
mais si tu vis plus d'une seconde
tu auras plus de vent dans les entrailles
je bois le vent à grandes lampées
comme me l'a appris mon père
je suis vivant

**On dit que dans la Grèce très ancienne**, on veillait à ce que les groupes de personnes concentrées en un lieu, répondent toujours harmonieusement aux propositions du monde naturel. Ainsi, si un groupe de sept personnes entamait une conversation à un point de la ville (une petite place, par exemple), il n'était pas rare de voir s'envoler un groupe de sept oiseaux. On savait alors que leur conversation était aussi nécessaire qu'une brindille sur le chemin.
Aujourd'hui, il est possible parfois d'observer encore ce genre de connivences gracieuses.

Quand je te dis le mot eau, à quoi tu penses comme ça instantanément ?
Quelle rivière coule près de là où tu es né ?
La dernière fois que tu as jeté des cailloux dans l'eau tu t'en rappelles ?
Combien de verres d'eau tu bois chaque jour ? à peu près hein
Tu sais que tu viens de l'eau ?
Tu ouvres le robinet chez toi, l'eau coule ? L'eau coule toute la journée ?
Tu as déjà oublié d'arroser tes plantes ?
Y a des endroits de ton corps où la peau est un petit peut sèche ?
Les digues de la mer du Nord, tu aimes marcher sur les digues de la mer du Nord ?
Tu ramasses les cailloux dans l'eau de la mer ou des rivières ?
Tu aimerais te baigner dans la mer qui a presque disparu de la terre ?
Tu es déjà allé sur l'île si petite que lorsqu'il y a des tempêtes, l'eau des vagues passe au-dessus de ta tête pour rejoindre l'autre côté de l'île ?
Il pleut il mouille c'est la fête à la grenouille, tu chantes avec moi ?
Tu écoutes la pluie lorsqu'elle tombe sur les vitres de ta maison ?

Quand tu as marché au bord d'un quai, tu as rencontré mon ami Bruno *qui passe sa vie à longer les quais* ?
Est-ce que l'eau a assez coulé sous les ponts ?
Tu as déjà attrapé la lune au fond de l'eau avec un filet de pêche ?
Tu crois toi que des princesses aux longs cheveux mouillés vivent dans les châteaux d'eau ?
Les flaques d'eau tu sautes dans les flaques d'eau ?
Y a des flaques d'eau, qui coulent de ton corps quand tu l'aimes ? Y a des larmes d'eau qui coulent de tes yeux quand tu l'aimes ? Y a des larmes de sueur qui coulent de ta peau quand tu l'aimes ?
Tu sais où elles s'en vont les eaux usées de ta maison ?
Là maintenant, juste maintenant, tu as envie de boire ?
Tu te dis parfois que tu es sorti d'une poche d'eau ?
Un jour une femme a perdu les eaux, et au milieu de l'eau, c'était toi. Tu te souviens que tu viens de l'eau ?
Tu aimes te laver ? Tu aimes laver ta maison ? Tu aimes laver tes vêtements ?
Une courgette aussi c'est 80 % d'eau.
On enlève toute l'eau de toutes les parties de la terre, qu'est-ce qui reste ?
Tu sais d'où est venue la première goutte d'eau ?
Une goutte d'eau plus une goutte d'eau = toujours

une goutte d'eau. 1 + 1 = 1 / Moi je trouve cette équation magnifique et toi ?
Tu as déjà suivi un ruisseau jusqu'à la mer ?
Les larmes la sueur l'eau salée de ton corps, tu as du sel au bord de ta peau.
Tu sais qu'à certains endroits des océans, il y a 11 kilomètres de profondeur et tu sais que personne ne sait ce qu'il y a si bas ? Tu sais que la profondeur des eaux est aussi inconnue pour les hommes que les étoiles de l'univers ? Tu sais que tu marches comme si tout était solide sous tes pieds mais que sous toi tout bouge tout bouge
Tu sais que tu flottes tout le temps tu flottes ?
Allez allez on va jusqu'à la mer en se laissant porter, portés par l'eau on y va jusqu'à la mer !
Je me jette dans mon évier
je descends dans les rigoles de la ville
et je glisse je glisse
je suis le poisson de ma cité !

**Chanson**

Une belle chute des reins
les chutes du Niagara
une chute à cheval
une chute de vélo
la chute des feuilles
la chute des cheveux
la chute enchantée
la chute des anges
sshht mon enfant dort
sshht dans un grand lit
sshht mon amour est mort
sshht au beau cimetière
sshht j'irai le voir
sshht un lys blanc
sshht mon bel amant
sshht en moi
sshht en moi chute

**Le bonheur est dans le pré** / *cours-y vite cours-y vite / le bonheur est dans le pré / cours-y vite il va filer*

J'ai entendu un matin cette chanson à la radio. Ce n'est pas que j'avais du malheur, mais je n'étais pas vraiment heureuse, je ne riais plus beaucoup. Et là, mon sang n'a fait qu'un tour, j'ai couru vers le pré. Mais ce n'est pas facile pour y arriver dans le pré. J'habite en plein centre ville, un 3e étage, côté rue. J'ai éteint la gazinière, j'ai descendu le thermostat, j'ai secoué les draps du lit, j'ai enfermé le chat dans la cuisine, j'ai vérifié les sous de mon portefeuille, j'ai branché mon répondeur, j'ai enfilé ma gabardine, j'ai pris mon parapluie pour-le-cas-où, j'ai ouvert la porte de mon appartement, je l'ai refermée, je l'ai verrouillée, j'ai descendu l'escalier, j'ai regardé s'il y avait du courrier, j'ai ouvert la porte d'entrée, je l'ai refermée, et j'ai couru dix minutes jusqu'à l'arrêt du bus, qui venait de passer, une demi-heure à attendre le suivant, heure de pointe, embouteillages, il va filer le bonheur je m'dis, j'arrive épuisée à la gare, je cours au guichet, guichet national, guichet international, remboursements, départs immédiats, départ immédiat, oui, c'est ça, mais quand ? J'achète le ticket, deuxième classe, non-fumeur, grève des trains, retard, taxi ?

trop cher, j'attends, je me précipite dans le train, je descends, petite gare de campagne, un seul quai, petit chemin, je cours et enfin, le pré ! j'y suis ! hagarde !... Mais il y avait déjà des tas de gens attroupés dans le pré, et cernés comme moi, en train de secouer l'herbe, de gratter la terre, de chasser les insectes, et le bonheur, lui, il avait filé ! Nous nous sommes regardés, nous avons repris le train vers la ville, les mains terreuses, les pieds humides, fantômes du crépuscule, gare, bus, arrêt au snack du coin, clef dans la serrure, appartement, nuit sans rêves, agitée... Réveil qui sonne, le matin déjà ! Je me lève, j'allume la radio... *Le bonheur est dans le pré / cours-y vite cours-y vite / le bonheur est dans le pré / cours-y vite il va filer*
Je me dis, cette fois-ci je ne me dépêche pas pour le bonheur, je reste calme. Alors avant de partir au pré, je prends le journal dans la boîte aux lettres, je vais au café du coin, et là, j'ai été assaillie par le journal, tailladée par les mauvaises nouvelles, famines, sécheresses, guerres, surconsommation, incestes, suicides, agressions, accidents de la route, de l'air, de la mer, pollution... Et j'étais là, avec les coupures de journaux, paumée, pétrifiée, mal de cœur, et puis je suis allée jusqu'à l'arrêt d'autobus, me suis assise sur le banc, j'ai vu un bus passer, puis un deuxième, et puis un troisième, il aurait fallu me porter je crois, me prendre par la main

pour que je le rejoigne, le pré du bonheur. La nuit est tombée, le matin s'est levé, nuit sans rêves, petit matin, tout petit matin, je suis là, couchée sur le banc de l'arrêt de bus, trop tôt pour qu'il en passe, un bus, la ville dort encore, je suis un peu chiffonnée d'avoir dormi là, alors je marche dans la ville, et j'aime la regarder silencieuse, et puis j'aime la fraîcheur du matin, et je me dis, tiens, les cours d'eau qui traversent la ville, ils doivent bien en sortir. Et je longe les berges du canal, la ville s'estompe, des usines çà et là, et des lapins aussi. Le béton devient des pavés irréguliers, les pavés deviennent des sentiers, le sentier devient un pré, il est encore très tôt, et là dans le pré, il y a une petite fille qui chante *Le bonheur est dans le pré / cours-y vite cours-y vite / le bonheur est dans le pré / cours-y vite il va filer*

Je lui ai demandé : c'est vous la petite fille qui chante à la radio ? Elle a dit : la radio, quelle radio ? Et là, ma poitrine s'est gonflée tout à coup, j'ai senti l'air me traverser des pieds à la tête jusqu'au bout de mes doigts et j'ai ri j'ai ri et elle a ri aussi et nous nous regardions et nous riions et nous nous regardions et nous chantions à gorges déployées et je me suis sentie bien, mais vraiment vraiment bien, et voilà.

**État de marche - Étape 0**

On peut être assis on peut être debout.
On peut rester sur place on peut être en mouvement.
On peut rester sur place en étant assis
ou rester sur place en étant debout.
On peut être en mouvement pour avancer
ou être en mouvement pour bouger sur place.
On peut avancer en étant assis
on peut avancer en étant debout.
On peut avancer assis lentement
on peut avancer assis à très grande vitesse.
On peut avancer debout sans bouger les pieds
on peut avancer debout en marchant.
Tout homme véritable respire par les talons,
a dit Tchouang-tseu.
On peut marcher vite on peut marcher doucement.
On peut marcher avec des chaussures ou sans chaussures, à l'intérieur ou à l'extérieur, tout nu ou habillé.
On peut marcher avec un sac à dos un sac à main ou sans sac.
On peut marcher seul ou accompagné, avec un but ou sans but avec un domicile fixe ou sans domicile fixe avec une carte ou sans carte en étant joignable avec un portable ou sans être joignable sans por-

table en prenant le chemin le plus court entre deux points ou en prenant le chemin le plus long entre deux points.
On peut marcher pour flâner on peut marcher pour rêver on peut marcher pour rire on peut marcher pour pleurer on peut marcher pour prier on peut marcher pour marcher on peut marcher pour rien.
Quand je suis morte je ne marche pas
quand je marche je ne suis pas morte.
Quand je marche je défie l'attraction terrestre : entre deux pas je flotte un tout petit moment c'est vrai.
Je peux marcher en Asie en Afrique en Amérique en Australie en Patagonie au Mexique en Belgique en France.
Je peux marcher sur le bitume sur la poussière sur la terre sur l'eau sur le verre sur le plastique sur le feu sur la lune ; depuis 1969, je peux marcher sur la lune.
Quand je marche dehors, je suis en relation avec l'univers.
Bien que les pieds de l'homme n'occupent qu'un petit coin de terre, c'est par tout l'espace qu'il n'occupe pas que l'homme peut marcher sur la terre immense a dit Tchouang-tseu.
Quand je venais d'apprendre à marcher,
c'était difficile pour moi de rester sur place.
J'ai appris à marcher pour m'éloigner de mes

parents puis quand j'ai eu trois ans, je me suis assise à l'école.
Je peux faire un métier où je serais beaucoup assise ou bien un métier où je marcherais beaucoup, sportive jardinière agent de la circulation chercheuse-cueilleuse de plantes fermière facteur danseuse cuisinière.
Je suis assise à la maison pour manger travailler lire pour éplucher les légumes regarder la télévision pour prendre mon bain pour boire un verre pour me détendre pour téléphoner pour être devant l'ordinateur.
Je suis debout à la maison pour éplucher les légumes préparer à manger courir au téléphone pour aller d'une pièce à l'autre pour nettoyer pour danser pour sauter de joie.
Je suis debout dans la rue pour marcher d'un endroit à un autre, pour faire les courses pour courir après le bus pour aller pointer pour manifester.
Est-ce que mon corps est en état de marche ?
Est-ce que mon cœur est en état de marche ?
Et mes poumons et mes souliers et mes paumes et mes sourcils et mon souffle est-ce que mon souffle est en état de marche ?
Stevenson disait : J'ai deux docteurs, ma jambe gauche et ma jambe droite.
Quand je marche, ma pensée s'éclaire.
Quand je marche, je fais attention aux heures

de l'univers et non à celles des trams.
Quand je marche, je suis lente.
Quand j'ai l'esprit mécanisé, je perds la paix de mon âme.
Je suis une machine thermodynamique
plus rentable que n'importe quel véhicule moderne
et plus efficace que la plupart des animaux.
Je peux marcher par simple amour du vent et de la terre.
C'est l'histoire d'une fille c'est l'histoire d'une fille
elle tombe amoureuse de souliers rouges dans une vitrine,
sa mère lui dit : non ma fille ils sont trop beaux pour toi et puis un jour, cette fille,
elle finit par les avoir ses souliers rouges
et quand elle les passe à ses pieds
elle ne peut plus s'arrêter de marcher
de marcher autour de la terre de marcher autour de la terre elle ne peut plus s'arrêter plus jamais de marcher autour de la terre de marcher autour de la terre
avec ses souliers rouges ses souliers rouges
qui marchent sans cesse autour de la terre
qui la font danser courir sauter trébucher
déraper marcher marcher marcher marcher
marcher marcher marcher marcher marcher
et pour l'arrêter pour l'arrêter
il faut qu'on lui coupe / les / pieds.

**Éric, fantaisie**
Éric Éric dis dis
hé tu m'la prêtes ta veste ?
elle est sur moi et j'te promets
j'la perdrai pas
Éric Éric hé dis Éric
dis-moi dis tu m'la prêtes ta veste ?
elle est là là sur moi
et j'te promets
je t'jure tiens oui j'te jure
j'la perdrai pas
c'est celle qu't'as oublié chez moi
et tu m'as dit dis tu t'souviens ?
tu m'as dit qu'celle-là
ah oui celle-là oui tu y tiens
Éric Éric dis dis
hé hé hé dis dis É-rrric
hé tu m'la laisses un peu sur moi
hé tu m'la laisses ta veste
et j'te promets j'te jure tiens j'te promets
j'la perdrai pas
la veste d'un homme sur mes épaules
ça m'donne carrure la veste d'un homme
ça m'donne ça m'donne
allure puis ça m'fait flotter dans les rues
ça m'donne épaules un peu plus larges

un peu plus vastes ça m'donne
ça m'donne pelure à ma misère
ça m'donne odeur d'homme à mon âme
ça m'donne ça m'donne ça m'donne
donne ça donne donne donne ça
ça là sur moi donne ça donne
donne ça dis sur moi çaçaçaçaça donne
et ta tignasse ta tignasse noire
et ton rire ton rire Éric dis dis dis-moi
ton rire tu me l'prêtes ton rire ?
tu me l'prêtes avec la veste ?
et ton velouté d'poitrail aussi ton velu
dis avec la veste tu me l'prêtes ?
hé dis dis Éric tu m'fais un peu homme
dis dis un peu vrai homme tu m'fais ?
et moi dis moi j'te prête un peu ma femme
j'te la prête dis si si
allez allez dis t'en prends bien soin d'ma femme
tu m'la perds pas d'accord ?
elle est un peu (é)rrric
l'est un peu frêle ces jours derniers
alorrrs tu la cageoles
tu la balances en douce sur les pavés d'la ville
elle est pas folle j'te jure
l'est juste un peu perdue
hé tu vas chanter tu sais
tu vas chanter sur les bords du canal
tu vas chanter dans sa carcasse

o bella ciao bella ciao bella ciaciaciao !
tu vas chanter chante chante dis allez chante !
Dis Éric alors alors dis dis-moi dis
tu m'la prêtes ta veste ?
elle est sur moi là là sur moi
et j'te promets
sur ma tête même hein j'te jure
ta veste
j'la perdrai pas

**Zonder-sans** *lettre aux Flamands écrite au sein du collectif des poètes de Bruxelles*
Alors alors il y a à Bruxelles la journée sans voitures et la ville respire, respire
Ah ça se sent ça oui
que les routes ont perdu leurs moteurs
Ça marche dans les rues ça roule à bicyclettes
ça fleurit les poumons
Et je propose aussi
je propose au roi aux ministres aux Flamands
aux francophones aux multiphones aux enfants
aux vieillards aux braillards aux plantes et aux animaux aux poussières aux brindilles aux étoiles
à tout le monde
je propose oh oui pour commencer je propose une journée sans paroles
tu sais c'est une journée extraordinaire
on se serre les mains on s'accole les épaules
on s'envoie de la lumière avec les pupilles
on invente une langue une langue pour les paupières
et on entend les sons fantastiques
qui couraient incognito dans la ville
Je propose je nous propose
ce qui peut nous relier au-delà de nos langues
de nos bibliothèques coupées en deux
de nos forces économiques de nos dépressions

psychiques
je propose la journée sans barrières linguistiques
si on veut dans celle-là on parle avec les mains
et puis et puis la journée sans papiers
les contrôleurs de nos identités peuvent juste aller
se rhabiller / on organise le grand autodafé de nos
vies cartonnées
et si tu veux ce jour-là tu changes de prénom
tu t'appelles Loubna Alfred Peter Pol Lena
Marieke Josette Marilou Gabriel Nicole ou Frida
Yacinthe Rose Piment Rénilda Poivre et Taratata
et même Bruno Simon Lola ou Le chat
Je dis aussi qu'il y a la journée sans ordi
sans PC sans mémoire artificielle
nous partons tous à la mer de préférence à pied
nous marchons de Lasne près de Bruxelles
jusqu'au Coq du plat pays / nos regards assoiffés
se jettent dans l'horizon / au retour nous mar-
chons du Coq à Lasne en riant / et nous sautons
allègrement d'un vocable à un autre / goeiendag
bonjour ik ben heureux je suis gelukkig
et une journée sans gordel autour de Bruxelles
un seul gordel immense de Bruges à Arlon
et de Liège-Luik à Mons-Bergen
et les cyclistes parlent un nouveau pidgin qui mêle
toutes nos langues
une journée sans avion
ni sur Bruxelles ni sur la Flandre

et l'aéroport de Zaventem posé sur une plaque
à roulettes
on le pousse à bras-le-corps qu'il lance ses moteurs
de Tremelo de Tourinnes
de Rotselaar de Custinne
de Resteigne ou de Zottegem
et puis aussi la journée sans clefs zonder sleutels
toutes les portes sont ouvertes
battements d'ailes sur les trottoirs de Brussel
et la journée sans toit
on tend des grandes toiles
en dessous on sirote le thé
et les sans-chez-soi et les munis de maisons
se confondent s'asseyent papotent
babellers sur les voetpaden
Et je dis je dis aussi
qu'y a la journée sans-façon et sans cérémonie
de dag zonder partij sans parti pris
et la journée sans faim la journée zonder einde
la journée sans fumée la journée sans pépin
la journée zonder familie en de dag zonder élec-
trique les étoiles scintillent dans la nuit
elles sont nos lumières ultra-publiques
et la journée zonder schoenen
ah celle-là elle est terrible cette journée-là
tous les pieds délivrés galopent sur les pavés
une horde de va-nu-pieds déferle sur Bruxelles
en de dag sans drapeau sans coq et sans lion

une pluie d'iris tombe sur la Belgique
la journée sans frontière la journée sans-souci
la journée sans arrière-pensées la journée sans-
le-sou on échange on troque nos brols
la journée sans vitesse et toutes nos guiboles
au rythme des boiteux des enfants des tortues
la journée zonder la journée sans sans sans sans
Et c'est beau vraiment tous ces jours sans qui
se lèvent quand se finit de nacht
et celui-ci juste maintenant avec ma langue
qui égrène des journées zonder jusqu'à la nuit
Et si un tremblement sismique au milieu du pays
venait tout bouleverser ?
je tomberais en-bas au creux de l'univers
sans envie de choisir
j'aime nos accents
mon âme s'abreuve à tous les paysages
Une lettre aux Flamands ?
j'ai le cœur à Bruxelles
les pieds en Wallonie
les cheveux en flandronie
je parle francophone
et mon sang coule 3/4 flamand
allez allez je me tais maintenant
une envie me traverse
celle de faire avec
je vous salue, belgiens !

**Petit problème technique**

petit problème technique
on ne rentre pas dans le métro
petit problème technique
on ne rentre pas dans le métro
mais c'est Théo
plein de neuroleptiques
qui s'est jeté sous le mmmmmmmm
petit problème technique
on ne rentre pas dans le métro
disent les gens de la STIB
avec leur sourire chic
et leur imper jaune plastique
mais c'est Théo
plein de neuroleptiques
qui s'est jeté sous le mmmmmmmm
Et moi, moi je dis que
tant qu'on appellera ça un
petit problème technique
il y a encore beaucoup de gens
qui se jetteront sous le mmmmmmm
petit problème technique
on ne rentre pas dans le métro
mais c'est Théo
plein de neuroleptiques
qui s'est jeté sous le mmmmmmmm

**Désherber**
Aujourd'hui haut du Jura
chez Laurent et Armelle / maraîchage label bio
grand désherbage des oignons / depuis 7 h le matin
Les corbeaux autour de nous croassent /
ils attendent l'heure de la main lasse qui leur laisserait quelques graines en pâture / les corbeaux aiment les graines toutes les graines / les chevreuils aiment les mauvaises herbes c'est sucré /
les mauvaises herbes ah les mauvaises herbes /
jolies souvent jolies toujours mais leurs racines profondes rivalisent avec celles de l'oignon / allez allez j'aaaaRrache / en agriculture bio y a pas de désherbant qui grignote nos ventres et...
**Désherber désherber désherber rrhrrhrrhrrh désherber désherber désherber rrhrrhrrhrrh désherber désherber désherber rrhrrhrrhrrh**
Allez allez ici pas de vernis qui tienne
faut enfoncer tes ongles loin bien loin dans la terre
et trouver la racine de l'herbe mauvaise
allez allez j'aaaaRrache / toi la mauvaise tu piques
j'aaaaRrache j'aaaaRrache
« Lorsque je lui ai annoncé mon changement de vie, dit Armelle, ma kiné elle m'a dit : il va falloir que vous envisagiez votre activité comme celle d'un sportif de haut niveau. On vit avec les saisons

/ au quotidien c'est compliqué / énormément d'heures / nos idéaux nous tirent / lier la parole à l'acte et se réaliser / je me suis dit à un moment : il faut que je sois dans le faire »
**Allez désherber désherber désherber rrhrrh-rrhrrh**
**désherber désherber désherber rrhrrhrrhrrh**
**désherber désherber désherber rrhrrhrrhrrh**
Quand vous avez fini votre travail d'assis
venez arracher l'herbe folle
si vous êtes dix, en une heure on a fini l'ouvrage
et l'oignon que tu mangeras dans ton assiette
aura la saveur du désherbage / désherbe profond
crève tes amertumes et toutes tes rancunes /
c'est plus loin que tu ne crois
toujours plus loin que la mauvaise herbe croît
dit le corbeau là-bas crwa crwa
allez viens désherber après ton travail
tu dormiras bien mieux qu'avec une pilule
tu dormiras profond les pensées nettoyées et...
**Désherber désherber désherber rrhrrhrrhrrh**
**désherber désherber désherber rrhrrhrrhrrh**
**désherber désherber désherber rrhrrhrrhrrh**
Maraîchers maraîchères / ensemble lions nos mains / ensemble lisons poèmes / sans manger je ne suis rien / mais sans poèmes peut-être déchantons-nous un peu /
il est là aujourd'hui le temps de l'agriculture

de la culture aux champs / des chants de la culture
chants de la terre pour ensemencer mon être
chants de mon être pour ensemencer la terre
nous les gens de la ville on désire tous un coin de terre
on aspire tous au coin de ciel
pour déplier nos corps pressés
et délier nos mains fragiles
de citadins de citadines
*ô rage ô désherbage*

**L'homme du 21ᵉ**

J'ai pas toujours habité là
j'ai habité à Bagnolet j'ai habité à Trappes
j'ai habité à Saint-Denis aux Buttes-Chaumont
et dès que je me trouvais en hauteur
quand c'était bien dégagé
la tour je la voyais
je me trouvais n'importe où en hauteur
la tour tchac j'la voyais
j'passais en voiture sur la A1 avec des amis
je voyais la tour
et maintenant j'y habite
il y a du magnétisme ici il y a un truc
moi j'kiff La Courneuve j'kiff grave
c'est mon lieu au 21ᵉ je regarde le ciel
j'me réapprovisionne les neurones
Un dimanche matin j'ai entendu un bruit sourd
brrr    c'est quoi ce bruit-là
et à un moment donné
je vois un truc blanc transparent qui est parti
je vous mens pas
j'ai dit c'est quoi ça c'est quoi
tu me donnes un papier je te le dessine
comme un œuf
blanc brillant mais pas éblouissant
avec une croix et pffffff

vous comprenez ce que j'ai dit là non ?
j'ai vu ça deux fois
parce qu'il y a une dame âgée qui est au premier
étage elle est décédée
moi je sais pas mais ce jour-là j'ai revu ça
mais à ce moment-là j'avais pas compris encore
comme j'ai compris maintenant
c'est parti c'est parti j'ai dit
c'est quoi ça ? ah c'est ça
après j'ai ffffff
tu vois le film *Cocoon* ?
si c'est arrivé à moi ça a dû arriver à des gens
je suis pas tout seul sur terre
ma voisine
en dessous
un dimanche matin
un bruit sourd
on se connaissait depuis tout petit
on savait qui on était et voilà
et c'est bizarre d'avoir vu ça
Y a des choses des choses
que les êtres humains ils sentent
mais ils savent pas ils savent pas
on est tellement saturés d'choses inutiles
que ça nous empêche d'être proches normaux
y en a qui peuvent voir qui peuvent sentir
j'imagine que je ne suis pas tout seul dans ce cas-là
c'est un truc que j'oublierai jamais

j'ai vu ça deux fois moi j'oublie pas
je le dis après on me croit ou on me croit pas
moi je sais ce que j'ai vu ça me suffit
ça fait bizarre c'est dans le vide
tu crois que c'est un avion un enfant
ou un papier qui vole
mais non c'est un truc
Moi je dis que c'est l'âme l'âme qui est partie
un truc qu'on appelle l'âme
et quelque part ça te donne de la force
ça donne de la force
ça dit quelque part il est là
il est là c'est dans le langage humain
c'est le procédé qu'on utilise pour dire il est là
et moi je sais qu'il y a quelque chose
il y a quelque chose même si même si
moi je sais que ce que j'ai vu
c'était pas un cerf-volant ni un sac qui vole
c'est pour ça que le ciel
je le regarde tout le temps
le ciel est beau
même s'il est gris comme ça
le ciel c'est toujours beau

**La terre tourne**
c’est arrivé c’est arrivé comme ça
c’est arrivé c’est tout à coup
qu’j’ai senti la terre qu’j’ai senti la terre
qu’j’l’ai sentie tourner
et que j’tournais que j’tournais
oh oui que j’tournais avec elle
et je m’suis sentie rouler avec elle
comme une bille comme une bille
autour du soleil
et TCHAC
les yeux ouverts ou fermés
Je m’suis sentie collée à elle
c’est en arrête c’est pas en marche
faut que j’me fige pour partir avec elle
les pieds collés au sol j’écoute battre mon cœur
et tout à coup j’bats avec elle
et je tourne je tourne je tourne
je tourne je tourne autour du soleil
et je vois je vois
que c’est de la terre que vient le monde
que tout surgit
glaise glaise
il est en glaise le paradis
hé la glaise la glaise
avant-hier la terre était toute plate

au bout tout au bout tu tombais dans l'espace
hier le soleil tournait autour d'elle
et aujourd'hui aujourd'hui
je tourne je tourne avec elle
et je cavale je cavale
grande cavalcade autour du soleil
c'est arrivé c'est arrivé comme ça
c'est arrivé c'est tout à coup
qu'j'ai senti la terre qu'j'ai senti la terre
qu'j'l'ai sentie tourner
et que j'tournais que j'tournais
oh oui que j'tournais avec elle
et je m'suis senti rouler avec elle
comme une bille comme une bille
autour du soleil
et TCHAC

**Ma mère m'aérait tous les jours**

Ma mère m'aérait tous les jours quand j'étais bébé tous les jours / un tour en poussette dans le quartier en poussette dans le jardin titour autour du lac / tous les jours tous les jours ma mère m'aérait tous les jours / en été on s'aère à la campagne on s'aère à la montagne en été va jouer au jardin il fait beau va jouer dehors va prendre l'air elle me dit / à la campagne je roule sur l'herbe en regardant le ciel ça tourne ça tourne quand ça s'arrête je fixe le ciel toutes les formes du monde défilent dans les nuages je cours avec mon filet pour attraper les papillons je souffle sur les pissenlits ça vole ça vole et quand je roule à vélo l'air affole mes cheveux l'air aspire mon visage / quand je grandis quand je cours je suis essoufflée je n'arrive plus à prendre l'air je suis essoufflée / quand je cours je cours moins vite que mes amis je cours moins vite je grandis trop vite je suis essoufflée / quand je cours vite je grandis trop vite et j'ai le souffle court allez va prendre l'air dit ma mère va prendre l'air va prendre l'air / elle ouvre la fenêtre de ma chambre tout grand le matin l'hiver il fait froid aère ta chambre dit la mère aère aère / et le père l'air de rien ne revient pas souvent à la maison le père prend l'air / la mère fait entrer le vent dans la maison la mère

aère « aère aère ! » la mère aspire les poussières range les affaires la mère ordonne l'air dans la maison la mère ordonne les fleurs au jardin la mère prend soin de l'air à la maison / le soir revient le père / plus un mot entre eux ne traverse l'air / leur colère agite l'air de la maison et la fille prend l'air de l'air dans ses rêves / la fille dort de plus en plus longtemps ne regarde plus les nuages ne regarde plus les poussières qui scintillent dans le noir ne souffle plus les pissenlits dans l'air la fille rêve / va prendre l'air va prendre l'air dit la mère / la fille ferme sa porte bouche l'air avec ses musiques bouche l'air mère crie mets ta musique moins fort va prendre l'air range ta chambre sortez des maisons / les portes claquent clac clac ça claque à la maison ça claque à la maison les portes claquent clac clac clac ça claque à la maison / je m'en vais dehors je prends l'air dans ma bouche je le sors en paroles et clac et clac je remplis mes poumons d'air ma bouche remplit l'air des mots des poètes et clac et clac j'ai l'air heureuse avec les poètes /
un homme embrasse mes lèvres souffle dans ma bouche nos bouches se touchent / l'air de nos corps se love dans nos bouches qui se touchent nos corps se touchent / il n'y a plus d'air entre nos corps nos corps se touchent / je respire fort nos corps se touchent / il n'y a plus d'air entre nos corps je respire fort fort je respire fort je respire fort fort je respire

fort / il n'y a plus d'air entre nos corps je respire fort je respire fort / fort fort foooort /
je cours à mon travail je cours pour mettre la maison en ordre je suis essoufflée je veux prendre l'air prendre l'air de l'air de l'air de l'air / j'aère la maison j'ouvre grand les fenêtres clac clac j'ouvre les fenêtres / dehors il fait froid mon enfant pleure / j'ouvre grand la maison j'aspire les fenêtres je fais le tour de l'enfant avec mon lac j'aère mes poussières j'ouvre les canards j'aère mes fenêtres j'aspire mon enfant / parfois il n'y a plus de corps entre nos airs parfois il n'y a plus de corps dans ma respiration j'ai l'air de quoi ? j'ai l'air de quoi ? à l'air à l'air j'ai l'air de quoi ? à l'aiiiiir //

**T.G.**

Je suis passée aux T.G.
têtes de gondoles
je suis aux T.G.
j'en raffole
têtes des rayons des grandes surfaces
j'dégomme j'les mets en place
je dispose les promos
paquets d'pâtes paquets d'pâtés
paquets d'langes ou de café
je dispose pour que tu prennes
10 centimes de moins les deux packs
promos d'la semaine
les grandes marques écoulent leurs stocks
allez profite profite
j'suis gondolière salaire de misère
vie dure la vie est dure
je suis aux T.G.
têtes de gondoles ça m'passionne
j'les organise comme des tableaux
en sériel en couleur en quadrille
c'est mon soleil
je tisse les packs découpe les marques
tisse les stocks attise les toques des réclames
parfois j'reçois un plan d'attaque
pour disposer précisément les stocks de packs

les œufs de pâques les ustensiles
promos d'la semaine
parfois c'est fête y a pas de plan
et j'en fais rien
rien qu'à ma tête de gondolière
j'suis aux T.G.
et j'manifeste et j'me syndique
qu'on m'laisse dormir
au moins l'dimanche au moins l'dimanche !
et j'me démène dans mes T.G.
têtes de gondoles j'en suis folle
chaque T.G.
j'la photographie avec mon portable
c'est éphémère
chaque jour je casse des T.G.
j'en refais des neuves
j'suis gondolière j'suis gondolière
et à Venise
j'irai jamais
j'suis gondolières du supermarket
j'en suis fière
tête des gondoles
et mon patron s'il veut m'virer
j'lui montrerai toutes les photos
pour qu'il sache
qu'y a pas mieux qu'moi comme gondolière
et puis le soir le soir
j'vais aux asperges dans les collines

asperge sauvages
je les ramasse pour une omelette
et je consomme et j'accumule
je surcumule dans ma maison
dans ma chaumière d'ouvrière
tous les produits des rayonnages
j'essaye tout
tout c'qui s'consomme sans cuisiner
tout c'qui s'ouvre et puis s'avale
et le sol chez moi c'est qu'du papier
que du carton des emballages
c'est le bousouf chez moi
c'est le bordel le grand désordre
tu sais même pas où mettre tes pieds
poubelle du supermarket chez moi
mais les T.G. quand j'les apprête
c'est du tout neuf
tout propre nickel
allez faut qu'tu achètes
allez allez profite de la ristourne
que moi j'affiche dans mes gondoles
allez prends prends
pour qu'on m'en donne encore des tas tas tas
des tas d'T.G. des tas d'gondoles
j'suis gondolière j'suis gondolière
et à Venise
j'irai jamais.

**fffff**

Ce qui fff ce qui fff toujours fff / les enfants des enfants de mes enfants / les parents des parents de mes parents / tout ce qui est dans l'air / tout ce qui a traversé ne traversera plus traversera un jour / tout ce qui a expiré ou n'a pas encore inspiré / ceux que je ne croiserai pas ceux que je ne croiserai plus / mais cet air-ci cet air-ci cet air-ci les traversera les a traversés / ce souffle-ci ce souffle-ci leur parviendra les a touchés / et j'habite l'air avec eux j'habite l'air avec eux j'habite l'air avec toi et avec eux et avec mon enfant et avec mon amour et avec mon cadavre et avec ma poussière / j'habite l'air j'habite l'air et tu l'habites avec moi / je t'inspire et je t'expire / et je t'inspire et tu m'inspires / et tu m'expires / je suis à l'intérieur de ton intérieur / je suis à l'extérieur de ton intérieur tu es à l'intérieur de mon intérieur tu es à l'extérieur de l'intérieur / tu es à l'air nous sommes à l'air nous sommes à l'air et pour toujours

*À la Chartreuse de Champmol à Dijon*
*il y a la cafétéria de l'hôpital psychiatrique*
*comme un minuscule radeau*
*au milieu du grand parc*
*entourée de pavillons*

**L'homme qui liste**

Au Kenya il y a des éléphants des lions des guépards des léopards des panthères noires des crocodiles des phacochères des autruches des impalas des gazelles des antilopes des serpents de toutes sortes des oiseaux des serpents des cafards grands comme ça des hippopotames des rhinocéros des alligators des caïmans des panthères noires des lycaons c'est comme un chacal des chacals des vautours des gnous des buffles y a encore quoi alors ? /
y a quelques humains qui se font bouffer quand ils sont pas en sécurité /
y a des moustiques grands comme ça qui rentrent dans les moustiquaires y en a tellement qui tourbillonnent autour des moustiquaires / quand tu as la lampe allumée interdiction de sortir le soir / si tu as le malheur d'ouvrir la moustiquaire t'en as deux mille qui rentrent dans la moustiquaire ça plaisante pas là-bas /

y a des cobras des anacondas un grand serpent le plus dangereux de la planète terre il mange les hommes y a pas plus dangereux que ça / la moitié de la longueur de la cafétéria / en Afrique y en a partout / ah oui j'irai en Afrique je partirai d'ici définitivement /
y a des chameaux des dromadaires en Afrique en Algérie des lions des lionnes des guépards des gazelles des gerboises des lycaons des antilopes des impalas des coyotes des loups des bêtes à cornes des beaux oiseaux les plus beaux oiseaux paradisiaques avec des plumes tout décorés qu'est-ce qu'il y a encore ? /
des des des vipères j'ai dit déjà des zèbres oui là j'ai tout dit qu'est-ce qu'il y a encore ? / des phacochères /
elle me dessine elle dessine bien /
des phacochères c'est bon les phacochères /
ma sœur elle aussi elle a déjà mangé de l'autruche / bon je vais aller chercher mes clopes /
où ça ? / ben juste à côté, rue du Faubourg Raines. /

**Je suis**

Je suis la femme qui regarde tomber les feuilles d'automne comme des danses de bohémiennes
Je suis la femme burn-out qui cherche à retrouver le rythme de son cœur
je suis l'homme au corps géant couché devant la cafèt' à hauteur des pigeons qui picorent les miettes
je suis l'homme qui tombe tous les dix pas et se relève chaque fois
je suis la femme qui penche penche penche toujours du côté droit je suis la femme qui trouve que le temps est long oui long le côté gauche de son corps n'oscille jamais d'un iota
je suis l'homme qui a traversé dix-sept mille ans épuisé de son éternité il dit que c'est la fin
je suis l'homme qui a inventé toutes les musiques Brel Julien Clerc Hallyday et tout Brassens
je suis celle qui attend Noël pour voir son fils elle le voit une fois par an
je suis celle qui n'est pas malade dans sa tête mais une femme de mille ans la possède
je suis la femme qui se donne la mort à chaque saison
je suis celui qui marche inlassable dans le parc en pensant à la cafèt' qu'il ouvrira un jour au centre de Dijon

je suis celui qui a préféré faire une tentative de suicide pour qu'on le reçoive ici plutôt que de passer l'hiver entier dans la rue je suis l'homme qui parle à tout le monde mais on le comprend plus il a perdu ses dents
je suis la femme qui sirote lentement son coca paille bleue entre les dents regard vide et sourire
je suis l'homme qui maugrée j'en ai marre de tout fais chier j'en ai marre de tout
je suis celui qui a une canne parce qu'il marche difficile je suis l'autre qui a une canne parce qu'il marche difficile je suis tous ceux qui marchent difficile
je suis celle qui respire avec effort et je joue tout le jour au Scrabble contre moi-même
je suis la femme enterrée sous son capuchon elle l'enlève quand elle entre à la cafèt'
je suis la femme à tête d'oiseau longue échassière j'ai le regard perdu en mer
je suis l'homme qui m'ouvre la porte
je suis celui qui questionne toujours à l'infini
je suis celui qui marche dans le parc grandes enjambées pour aérer sa tête
je suis la femme enfermée sous ses voiles
je suis l'homme assoupi sur la table
je suis celui qui ne soulève plus les pieds il marche il marche sans plus jamais quitter la terre
je suis la femme à l'implant sous la peau elle vou-

drait un corps souple et mince comme gazelle
je suis l'homme qui m'ouvre la porte encore
je suis la femme aux lèvres bien maquillées visage de Joconde pas un faux pli
je suis la femme aux ongles rouges toujours et paume offerte au ciel recueilleuse d'ondées
je suis elle et je suis elle et je suis lui et lui et je suis elle et lui
je suis la chanteuse d'opéra qui cherche pour toujours son tas de partitions
je suis l'homme qui rit à l'infini
je suis la femme qui couine comme une truie
je suis celle qui dit tu m'as déjà vue ? jamais ? alors cesse de me regarder connasse
je suis celui qui recopie la Bible chaque jour pour se donner assise et lenteur
je suis celle qui ne touche plus personne et rêve d'une perfusion d'amour
je suis l'homme qui compte tous les pieds toutes les mains toutes les jambes qui entrent dans la cafèt'
je suis celle qui n'a plus d'espoir je suis celle qui reprend espoir
je suis celle qui ne mange plus d'huile plus de beurre plus de chocolat
je suis celui qui grimpe au sommet des pylônes
il cherche à arrêter de boire avec grand désespoir
je suis le joueur de saxo qui n'a plus rien joué depuis plusieurs années

je suis celui qui rêve de rencontrer Tintin
je suis tous les corps ralentis je suis tous les corps qui courent après plus rien après le vent et les oiseaux
je suis celle qui garde les yeux ouverts toutes les nuits
je suis celui qui dit ça va venir ça va venir ça va venir ça va venir ah ben oui on est frères et pourtant non on ne se ressemble pas ça va venir ça arrive ça arrive ça arrive
*rires*

*En juillet 2017, Europalia, un festival belge, m'a proposé de partir à Sulawesi et d'y écrire à propos du culte des ancêtres, encore présent dans les différentes tribus qui composent cette île d'Indonésie.*

**Indonésie / Sulawesi / jour 2**

Bissu Salé, Bissu Salma
tu l'appelles Salé ou Salma
son nom d'homme son nom de femme
Bissu Salé Salma
il n'est ni homme ni femme
il est Bissu
parce qu'il y a cinq genres chez les Bugis
homme parce que tu nais homme
femme parce que tu nais femme
femme qui s'habille en homme
parce que tu as corps de femme mais tu ressens en toi l'homme
homme qui s'habille en femme
parce que tu as corps d'homme mais tu ressens en toi la femme
et Bissu ni homme ni femme
tu peux avoir sexe d'homme
et être Bissu parce qu'à l'intérieur
tu ne te sens ni homme ni femme
tu relies terre et ciel

Bissu Salé Salma parle aux esprits
entre le monde d'en-bas et le monde d'en haut
Bissu Salé Salma parle la langue du ciel
la langue de La Galigo
la plus longue épopée du monde
plus longue que le Mahabharata
l'épopée fondatrice des Bugis
le grand dieu
créa le premier couple
la femme née d'en-bas
l'homme tombé du ciel
aucun enfant ne vint de leur union
alors un Bissu fut envoyé
pour leur ouvrir le chemin
et deux jumeaux naquirent
qui s'aimèrent avant même
de naître
il reste aujourd'hui huit Bissus
qui parlent la langue du ciel
Bissu Salma Salé
est fermier dans la journée
Bissu dans les cérémonies
on entre dans sa maison
au milieu des poules des oies
et des enfants qui rient
au milieu des habits scintillants
pour les cérémonies
on dépose sucre biscuits

Bissu Salé Salma
voilé de blanc léger
femme aux mains d'homme
sourire transparent
alors tu vois, est-ce que tu peux voir
Bissu Salé Salma
prend l'arme pointue
de ses ancêtres
la plante dans sa gorge
et l'esprit entre en lui
sa main pousse lame dans gorge
et le corps tu vois le corps
se soulève en transe
et le sourire au visage
et les yeux clos
lame pointue en creux de gorge
entre entre dans la peau
mais n'entre pas
quand l'esprit est dans Bissu Salma
la mort ne le prend pas
la lame dans la gorge
n'ébrèche pas l'intouchable
tu le vois est-ce que tu le vois
la pointe entre entre
dans la gorge la pointe de la
lame au corps de Bissu Salma
danse comme une flamme
son visage en extase rit

flamme et lame
au cou plantée
ex
tase
et puis Bissu Salé Salma
chante à l'esprit
le chant de La Galigo
chant en langue de ciel
venez esprits venez
nous sommes tous vos enfants
venez esprits venez
nous sommes tous vos enfants
nous sommes vos enfants
vos enfants
psalmodie la voix de Bissu Salma
douce un oiseau je crois
qui sait parfois
ce qui demain arrivera
je sens en moi
est-ce que tu le sens toi
mon cœur bat tremble et danse
avec l'esprit
de Bissu Salé Salma

**Ancestors**

Dis-moi,
il y a un mort auquel tu penses parfois ?
il te visite ?
tu lui parles de temps en temps ?
connais-tu le nom de tes ancêtres ?
tu te sens relié à tes ancêtres ?
un disparu habite en toi ?
une partie de toi a disparu avec lui ?
tu le déterres parfois ?
tu lui chantes une chanson ?
tu pries ? tu le remercies ?
tu le pares de ses plus beaux habits ?
que lui sacrifies-tu ?
tu lui élèves un petit autel ?
tu dépoussières une photo ?
tu cherches un cadre pour l'encadrer ?
est-ce que vous vous parlez dans les rêves ?
inventes-tu une cérémonie particulière pour honorer son temps de vie ?
qu'est-ce qui t'aide à vivre avec l'absence du vivant que tu aimais ?
gardes-tu quelques objets de l'ancien vivant ?
tu poses ses chaussures dans le coin inférieur droit de ta penderie ?
qu'est-ce qui te fait rire quand tu penses à lui ?

cherches-tu à retrouver son odeur ?
penses-tu à lui un jour particulier de l'année ?
te retires-tu pour penser à lui ?
la nuit, tu t'assieds d'un côté du lac, tu ouvres le champagne et de l'autre côté, à mille lieues en face de toi,
le disparu boit le champagne et avec toi trinque à la vie ?
te rappelles-tu une phrase qu'il te disait qui te donne de la force ? qu'est-ce qui te donne de la force quand tu penses à lui ?
quel geste fais-tu pour le saluer ?
quel lieu choisis-tu pour lui parler ?
désires-tu parfois tout gommer tout effacer tant c'est difficile d'avancer l'absence à fleur de peau ?
tu t'arrêtes et tu bois un verre d'eau ou de vin ?
tu fumes une cigarette ?
tu lui écris une lettre que tu brûles au milieu d'une forêt ? un arbre lui ressemble ? l'entoures-tu de tes bras ?
tu déposes des pétales sur un chemin où tu marchais avec lui ?
tu gardes entre les pages d'un vieux livre les mots qu'il t'écrivait ?
tu guettes les nuages qui prennent la forme de son visage ?
tu ressens encore dans ton corps sa présence ?
entends-tu sa voix son rire en toi ?

tu marches à l'ombre ou au soleil ?
ouvres-tu ta fenêtre pour sentir l'air sur ta peau ?
restes-tu parfois couchée, immobile, tant l'absence
est douloureuse ? apprivoises-tu l'absence ?
est-ce que le disparu te donne des ailes ?
chante la chanson fais le geste
pense à l'objet dresse l'autel
remercie et chéris le temps passé ensemble
silence
le vide n'est pas vide nous le savons n'est-ce pas ?
tu crois toi que le vide est le champ de tous les
possibles ?
aimer un mort c'est peut-être
l'art d'habiter le vide
inventer des gestes qui nous relient
nous les vivants en gratitude
aimer d'un plein amour
les proches qui nous entourent
mesurer l'inouï d'être au monde
et la chaleur du vivant
aller par les chemins
regarder la samare de l'érable
tournoyer dans les airs
prends le temps d'aimer le mort,
c'est la vie que tu honores

**Allez (t)rime**

À la femme qui a trop
souvent courbé l'échine
allez allez
trime trime et trime
à la femme qui déplut
à lui affairé à
boutique et qui
un jour la trouva
en panne de sex-appeal
avec torchons soucis au front
roses rouges jamais
que les épines
à la femme qui a trop
trimé trimé
et trime encore
allez allez
trime trime et trime
à la femme qui éleva
enfants lava habits
fit devoirs et dressa
tant de tables
qui sa passion d'histoire
de l'art laissa dehors
à celle qui belle encore
mais sans regard

pour l'aimer
trima trima trima
et trime encore
à la femme qui m'apprit
à trimer trimer ah trime
trime pour lui trime pour eux trime
trime trime pour elles
et parfois j'enlève
un peu le t
reste rimer
je rime je rime
pour lui pour toi
pour elle
pour la femme
qui la rime / de trime
m'apprit aussi / et que tant j'aime
autour d'un thé /temps suspendu
à partager /ces mots en rimes
libres / en vers ouverts / du 8 mars
à toi / à celles qui te /
ressemblent / je les dédie /
allez allez
rime rime et rime

**Lettre d'amour à Bruxelles**

Bruxelles aux tavernes qui brillent dans les jours courts d'hiver phares d'une grande mer tu viens t'y réchauffer / Bruxelles la joyeuse multilingue tu dis couque chouke manneke dikkenek et fritkot / Bruxelles où se démènent les héros bafoués des grandes traversées / Bruxelles je marche à grandes jambes je t'arpente / prends-moi dans tes plis caresse-moi sous ton ciel bas enivre-moi / Brussel au Palais de Justice gigantesque gâteau schieve architecte sans plan pour l'avenir tous les paumés du monde peuvent s'y abriter / Bruxelles aux vélos sans pistes aux embout' /emmène-moi dans ton sac à main / Bruxelles aux arbres qu'on fauche aux espaces verts en disparition aux renards qui courent la nuit dans les ruelles / Bruxelles au Douche-FLUX / Bruxelles qui tient encore ajustées les pièces d'un puzzle chiffonné entre les doigts des ministres voraces / Bruxelles des perruches / flèches vertes / Bruxelles où nos peaux cibles dansent tous les possibles / Bruxelles où les semelles étrangères amènent semences fraîches pour réveiller nos visages endormis / ville d'eau aux canaux emmurés / langues de bois / si la Belgique disparaissait il resterait encore Brussel / Bruxelles aux neuf sphères aux héros de bd qui escaladent les murs / Brussel en travaux la sans-tunnels aux milliers de sentinelles / trop is te veel / Bruxelles XXL Brussel XXSmall / tu fais un pas tu es au Maroc un pas encore au Matongé un autre pas marché chinois un pas plus loin tu es au port passe la Senne / Bruxelles des zinneke de toutes les parades / Hart boven hard / le monde entier y passe aux passoires de l'Europe / Bruxelles des technocrates / Bruxelles aux nuits trouées de jour aux jours troués de nuit / les pipes ne sont pas des pipes le ciel vole dans les oiseaux / Bruxelles où passent Cliff Rimbaud Verlaine foire du midi / un coup de révolver résonne / trous de balles / fritkots et smoutebollen s'emballent / t'as pas cent balles ? / Bruxelles des néons roses et mon amour y passe pour toujours / Bruxelles des trains des train-train quotidiens / Bruxelles faut la peindre faut la chanter la danser la dorloter la rafistoler la reverdir / des grands jardins potagers / à chaque déclaration obsolète d'un politique on fait pousser un arbre / la ville est une forêt pour fleurir tes poumons / je te le dis allez Brussel contre vents et marées Brussel avec vents et marées / Bruxelles de toutes les guiboles ville des marcheurs des arpenteurs / Bruxelles graffes-y tes rêves de ville à foison / c'est à toi c'est pour toi / ton chant ta voix ton souffle tes pas façonnent Bruxelles / terre libre je te déclare ville libre / ah non peut-être ? / Brussel c'est une page blanche encore et tu l'écris / cette page est pour toi / Bruxelles je t'aime

**CIBLE**

Je suis cible
Tu es cible
Nous sommes cibles
cibles pour balle
fanatique
qui se glisse
dans nos plis
fracasse ma ta carcasse
fracasse ma ta carcasse
je suis tu es tu es
tu es tu es tu es tu es
potentielle fracassée
je suis tu es nous sommes
cible cible
la haine
ronge
nos êtres
dans les rues
de Bruxelles
un pigeon
frôle
le visage
d'un homme
nous nous sourions
nos yeux se disent que

nous sommes cibles oui
cibles d'amour cibles d'amour
danseurs de nos peaux cibles
tous nos possibles
ma ville
au cœur
fêlé
nos peaux cibles
dans tes rues dansent
aujourd'hui
demain
sans cible
tous nos possibles

**Traversée**

Le train naar ons landje a amené
Italiens Polonais Français
Grecs Marocains Espagnols
et ceux de l'est et ceux du sud
et ceux de l'ouest et ceux du nord
a charrié forces vives
petit pays klein landje
depuis toujours pétri
de tant de traversées
ah treinen treinen
train des partitions de fils où chantent
les corbeaux
le train avale les visages et puis les rend aux quais
d'une autre vie
ah le train le train qui déplace la mienne
d'un quai à l'autre de l'Europe
d'une langue à l'autre de la Belgique
de Bruxelles tu pars vers Liège
et puis Luik et puis Liège
de Bruxelles tu pars vers Mons
et puis Bergen et puis Mons
quand les bras de mon amour
sont là pour m'accueillir
il est bon le retour
et je pense à tous ceux

lâchés au quai d'ici
sans bras pour les cueillir
ah treinen treinen
petit train électrique
de mon père de mon frère
traverse mon enfance
montagnes de carton pâte
personnages minuscules
nous recréions le monde
nous sommes ces petites femmes
tout petits hommes
réenchantons le monde encore
aux rails de nos vies
le train file défile enfile
les paysages de nos visages
qui se reflètent dans la vitre
se fondent à chaque prairie
chaque ciel qui effeuille
toutes les formes des nuages
s'y perdent nos visages
train des premières ou secondes classes
les vaches blanches nous regardent
ou l'animal sauvage immobile en effroi
train des courriers des marchandises
des pauvres bêtes d'abattoir
des convois noirs pas revenus
train de toutes les mémoires
ô treinen treinen

le train parfois est en retard
piétinent les passagers
quai du train qui déraille
de trein s'il part à l'heure
est sur une ligne sans obstacle
si un corps n'est pas désespéré
est sur une ligne sans obstacle
le train parfois est trash
et quand le train à grande vitesse
passe au pays d'à côté
mon âme assise reste à m'attendre
sur le quai de Bruxelles
et si le train ne roule plus
tout le pays est suspendu
au chant des corbeaux sur le fil
le train relie trace des lignes
cliqu'tis des tricoteuses
des baladeuses et des liseuses
train des ordis et des rêveurs
treinen des contrôleurs
train des traintrain quotidiens
emmène-moi au littoral
emmène-moi en Hautes Fagnes
ouvrons mijn vriend ouvrons le train
aux sans-papiers aux sans rivages
et que le train tout comme
les veines bleues du monde
charrie ici cœurs nouveaux

pour y semer entrains de vie
train démocratique fenêtres claires
offre-nous un ticket ouvert
chaque premier dimanche du mois
pour explorer tout bled
où les rails filent encore
que notre pays devienne
labo de nos curiosités
à l'étranger si près
qui partage avec nous
nos contrées séparées
oh ooooh train trrrrein
trrrrreinen trrrrrrrrain
trrrrransporte-moi
trrrrravaille-moi ébrrrranle-moi
entrrraîne-moi trrrrame de roulis neufs
le tissu pâle
de nos corps endormis
*et tandis que j'écris*
*un homme face à moi*
*en boule sur banquette*
*voyageur sans ticket*
*dans son silence implore*
*l'argent pour continuer*
*vivant le grand voyage*

**dimanche 4 novembre**
où va le monde je ne sais
filets lignes entrefilets
titres gras mots de maux
monde malade c'est qui le monde
j'écoute la beauté qui vient me consoler
le monde où va le monde
Bruxelles est un marécage
où pataugent nos marasmes
une femme me demande
un toit pour la loger
cinq six sept jours
avec ses quatre enfants
je tends un billet de dix sous
dix sous c'est rien dans la grande marée
un mendiant me demande
une douche
je dis lundi pas aujourd'hui je souhaite du répit
Bruxelles est un marécage
les canaux sont murés l'eau est ensevelie
je dis que nos impôts
doivent construire des maisons
pour tous les sans-chez-soi
je dis qu'est-ce que je dis
Bruxelles est un marécage
je voudrais le courage de Quichotte

cavaler sur Rossinante et traverser ma ville
menacer de l'épée tous les brasseurs de vent
je suis moi-même de vent pétrie
alors que peut le vent
contre les tempêtes d'aujourd'hui
nos maisons sont futiles
et frêles nos demeures plantées sur les marais
demeurons vaille que vaille aux cœurs en faille
nous sommes les marécages
sur lesquels sont plantées
la grande misère du monde
et la petite
toute misère est bonne à prendre
pour ne pas embourber encore
nos cœurs fanés

*Pour Simone Prouvé*

**le monde entre dans mon ouvrage** entre une
branche entre une tôle rouillée entre un vase
brisé dans mon ouvrage
entre mon souffle de fileuse
entre l'air de l'atelier dans mon ouvrage entre
la terre dans mon ouvrage
entrent bleuet figuier raisins
entrent inox et polyéthylène
entrent crin de cheval herbe sauvage
entre le vert entre l'orange entre
entre toi et moi entre
trame-moi trame-toi
l'air entre et mon souffle et les nuages
le monde entre dans mon ouvrage
le jour entre dans mon ouvrage
le temps que travaillent mes doigts entre dans
mon ouvrage le temps que travaillent mes mains
entre dans mon ouvrage tout le temps entre dans
mon ouvrage
et la pluie et le soleil et la nuit et l'amour
et l'absence et le silence entrent dans mon ouvrage
et la nuit entre dans mon jour
la mort entre dans mon ouvrage
et ma petite fille et ma fille entrent dans ma nuit
mon jardin entre dans mon ouvrage

si je fais une faute dans le paysage
je répare je recule je dénoue je reprends
le fil du paysage
le monde parfois n'a plus d'idées pour tendre mon
ouvrage un papillon entre dans mon ouvrage
une rivière entre dans l'atelier l'atelier entre dans
le nuage le nuage étire le ciel le ciel enfile l'oiseau
l'oiseau découpe la branche la branche pousse le
monde le monde abrite l'atelier l'atelier enchâsse
le métier le métier tire le fil
le fil dessine la trame
la trame repose la chaîne
la chaîne reçoit l'horizon
l'horizon apaise le regard
le regard observe la main
la main touche le nœud
le nœud arrête le fil
le fil détourne le dessin
le dessin avale mon souffle
mon souffle remplit le monde
le monde entre dans mon ouvrage et le courage
le courage entre dans mon ouvrage

**JOUR 04 / samedi 29 janvier - *partie 1***
***19 h 03 train IC2519 Bruxelles-Midi Namur***
C'est difficile de partir
on a le sentiment de laisser
quelque chose derrière soi
quelque chose pas en ordre
un chant d'oiseau dans un coin d'œil
une araignée dans les cheveux
un cœur dans ton cœur
une cage pas ouverte
une clef dans la cage
c'est difficile de partir
on est toujours trop lourd
lourd de nos sacs, et lourd de nos pensées
difficile de quitter ceux qu'on aime
et son quartier et sa famille
l'aigle tourne autour de ta tête
tu te sens proie proie de quoi
proie de qui proie de toi
et puis on part où ça on ne sait pas
on prend le dernier train
peut-être on connaît le nom de la destination
on est là sur le quai on attend
on guette le nom qui s'affichera sur le panneau
mais un nom dites-moi un nom
c'est quoi

**JOUR 05 / Dimanche 30 janvier**
***Derniers trains Amay-Liège / Liège-Leuven / Leuven-Zaventem / Zaventem-Bruxelles Midi***
Quand on quitte l'ultime train vide gare du Midi
– il vient de s'accoupler avec un autre train
pour rallier à deux les entrepôts d'Oudenaarde
où les cheminots, de nuit, préparent
freins et moteurs pour entrer dans le jour –
Myriam la dernière accompagnatrice dit
Ah oui, des musiciens un jour sont montés dans le train ils ont joué pour moi
ah oui, je suis déjà tombée amoureuse
après j'ai regretté de ne pas l'avoir dit
le voyageur était parti
ah oui, un jour j'ai trouvé une béquille oubliée, une seule ah oui, je me souviens,
quand j'ai commencé à être contrôleuse de train,
ma mère le soir venait me chercher
quand quelqu'un t'attend sur le quai, ça fait du bien
Ce sont les derniers mots du dernier train de notre dernier voyage
Que te dire encore ?
Dans notre presque dernier train du dernier jour de voyage, un homme est là dans le wagon,
il vient d'Iran,
Mais non, je viens de la terre comme vous

c'est mon identité
j'ai donné douze mille euros aux passeurs
pour fuir l'Iran jusqu'ici
le voyage était dur
ma nationalité c'est terrien comme vous
ma philosophie c'est l'amour et la paix
je vous regarde dans les yeux
avec vous je partage l'amour
Il nous dit un verset du *Divân* de Hafez
*Va-t'en, sors de ce monde*
*ne sollicite pas de lui un morceau de pain,*
*car ce mauvais hôte finit toujours par tuer ses convives.*
*Chacun ici-bas aura pour couchette*
*deux poignées de terre. Dis donc aux riches :*
*Quel besoin avez-vous d'élever jusqu'aux nues*
*les murs de vos palais ?*
Et dans ce train nous étions là
nos langues parlaient anglais
néerlandais polonais farsi français
nos yeux riaient
c'était sans frontière
sans lendemain et sans arrière-pensées
c'était un baiser du destin
c'était éphémère
c'était entre deux quais
minuscule vu du ciel
un fragment d'éternel

le train filait filait
c'était rien c'était tout
nous nous sommes séparés
Que te dire encore ?
c'est difficile de finir
on a le sentiment de laisser
quelque chose derrière soi
un chant d'oiseau dans un coin d'œil
une clef qui ouvre d'autres portes
difficile de quitter ceux qu'on aime
on regarde les noms de destinations
qui s'affichent encore sur les panneaux
on rêve du prochain voyage
mais un nom dis-moi un nom
c'est quoi ?

## CARTE D'IDENTITÉ POÉTIQUE

Laurence Vielle naît à Bruxelles en 1968. Par son père et sa mère, vibrent en elle le plat pays, la mer du Nord, les collines et les forêts ardennaises, les montagnes de Suisse.

Dans une rivière – la Lesse –, l'été de ses six ans, elle clame une cascade de mots, le poème s'appelle « Jules ». La rivière jubile, le temps est suspendu. Depuis ce jour, elle écrit des mots qu'elle aime dire, elle performe ses écrits comme une jazzman se lance dans la musique.

À huit ans, elle suit des cours de musique et aussi de dactylo sur machine électrique, un capuchon de couleur pour chaque lettre/chiffre/signe, une couleur par doigt et c'est comme jouer un instrument. Depuis, elle écrit elle tape en regardant celui ou celle qui parle, elle les écoute avec les doigts, présente aux battements du monde ; ce sont ses tambours, elle tente d'y accorder son cœur.

Après des études de lettres – elle aurait aimé apprendre aussi la médecine, l'architecture, être postière, archéologue, musicienne, ornithologue, chercheuse de plantes… –, elle suit les cours de théâtre et de déclamation : la scène et l'écriture sont intimement liés. Et puis, quand elle marche, ça parle et ça écrit en elle ; Bruxelles, où elle vit, est la ville qu'elle arpente avec joie. Elle aime parler aux inconnu.e.s dans la rue, prendre un verre le matin au café du coin où ça cause du monde comme il va – le bar de l'Union sur le parvis de Saint-Gilles a sa préférence.

Poète d'utilité publique (Pup), elle explore les interstices, les lieux à la marge, glane des paroles qui deviennent spectacle, les anonymes y sont héros. Le compagnonnage avec la musique est constitutif de son travail.

Elle écrit des pièces pour la radio, le théâtre, répond à des commandes, anime des ateliers d'écriture, participe à divers collectifs, restitue et performe poétiquement les conclusions de colloques, de rencontres.

Comédienne, elle affectionne les écritures vertigineuses : Gertrude Stein, Laurent Fréchuret, Valère Novarina, Beckett. Les écrits bruts attisent son désir de dire. Leur langue emprunte son souffle.

Elle succède en 2016 à Charles Ducal en tant que Poète National de Belgique – expérience intense d'écriture du monde, de son pays delà les frontières linguistiques, et une plongée dans la poésie néerlandophone oubliée des livres d'école. Elle est l'artiste en résidence à l'UCLouvain en 2019-2020.

À partir de 2020, avec Carine Bratslavsky, inspirée par Jacques Bonnaffé, elle enregistre pour la radio -Musiq3- des capsules de poésie « Laurence Vielle lit la poésie » ; elle y partage sa passion de la poésie, son goût insatiable de dire les mots des autres, d'ouvrir une brèche dans le langage, une respiration qui bouscule le quotidien. *Poésie, art de l'insurrection* de Lawrence Ferlinghetti est un de ses livres de chevet.

Il y a des êtres essentiels sur son chemin des mots : Pietro Pizzuti qui lui donne souffle rien qu'en pensant à lui, Monique Dorsel, fondatrice du Théâtre Poème où Laurence a joué, dit, inventé, découvert, Pascale Mathieu professeure de déclamation, Charles Kleinberg, Pierre Laroche, Marie-Rose Meysman, Claude Guerre, lanceur des parcœuristes, Valère Novarina, Gilles Zaepffel, Magali Pinglaut, Hamida Tachfine, Valentine Herrenschmidt, Laurent Fréchuret, Christian Germain, Hélène Ninerola…

Il y a des musiciens tatoués sur son cœur : Matthieu Ha, Bertrand Binet, Pascal Lloret, Didier Laloy, Jean-Philippe Collard-Neven, Catherine Graindorge, Vincent Granger. Elle a l'honneur de partager avec Vincent le Grand Prix de l'Académie Charles-Cros en 2016, dans la catégorie livre-disque, pour le livre-CD *Ouf.* À deux, ils parcourent les cités pour recueillir les paroles des gens et en faire œuvre.

Il y a des professeurs d'école, d'université : René Jongen, le roi des linguistes, André Sempoux, Claudine Gothot-Mersh, passionnée de Flaubert et d'Apollinaire, madame Pinte latiniste, monsieur Brillet, l'as des maths, madame Fonseca, professeure de ses onze ans, des révélateurs des révélatrices.

Il y a sa famille, le quotidien avec ses filles ancre son bateau.

Il y a ceux qui ne sont plus là, quand elle écrit, elle leur parle : Bruno, Manon, Hélène, Michel, Pascal, Werner, Antonio, Rio, Tilla, Léna, Marcel, Alfred, Guillaume, Théodore, Ernst, Thérèse, Jean-François, Jean-Pierre, Philippe, Gaston, Jean, Claude, Claire, René…

Il y a les invisibles et des directeurs directrices de théâtre qui lui permettent d'aller à leur rencontre et donner à entendre leur voix : Christophe Adriani, Phlippe Mourrat et Christine Chalas, René Gonzales, Jean-Michel Grémillet, Didier Mouturat, Loïc Lannou, Christian Machiels, Matthieu Malgrange, Xavier Lukomski, Jean-Louis Estany, Piet Chielens, Alain Vasseur, Patricia Ide… et tous les théâtres, centres culturels, maisons de la poésie, tiers-lieux, nids de passage pour son travail.

Il y a Éric Dagostino, Marc Feld, Eva Gruber-Lloret, la grande dame, le bigband de littérature féroce, Philippe Jeuniaux, Valérie Carro, Jean-Michel Agius, Fred Vannes, Gaëtan Vandenberg, Cécile Mont-Reynaud, Julien Fournier,

Pierre Devalet, Pascale Tison, Pascal Omhovère, Jean Rustin, Dominique Sampiero, Pascale Vielle, Géraldine Dumonceau, Jan Ducheyne, Gilles de Valck, Jan Bucquoy, Pierre Vanderstappen, Kiran Katara, Marc Ghysels… plasticien.ne.s, danseurs, écrivain.e.s, journalistes, chercheuses, créateurs créatrices de films, de lumières et de sons.

Il y a les faiseuses de marchés de poésie, de festivals, de troupes poétiques, Arlette Albert-Birot, Philippe Grombeer, Jacques Fournier, Isabelle Pousseur, Marc Delouze, Maïthé Vallès-Bled, Vincent Gimeno, Sandrine Gironde, Georges Guillain, Mélanie Godin, Yann Valade, Guillaume Hasson, Blaise Merlin, Vincent Vermillat et Philippe Muller, Bozena Coignet, Sabine Venaruzzo, Vanda Miksik, Jean-Pascal Dubost, Michaël Vandebril, Nasser Djemaï, Patrick Verschueren…

Il y a Émile Lanc, Jean Marchetti, Mateja Bizjak Petit, Émile Lansman, Pierre Vieuguet, Jean-Yves Reuzeau, Clément Ramos, et les faiseurs d'anthologie et de revues qui lui ouvrent leur maison d'édition.

Il y a tous les poètes et poétesses avec qui elle aime mêler sa voix.

Il y a David Giannoni, ami poète, directeur du Fiestival, de la maison de la poésie de Amay et éditeur, qui soutient ses écrits à la vitesse de leur surgissement grâce à l'incontournable collection des « Booklegs ».

Il y a des amours qui la traversent, il y a...

Gratitude à tou.te.s les compagnes et compagnons avec lesquel.le.s se fabrique le voyage.

Le temps file ; depuis deux ans, elle le suspend en ramassant chaque jour une plume et dessine un oiseau. Elle se pose sur un fil et remercie la vie.

*instagram.com/laurence.vielle*

*

« Moi je nage. Je "nage" dans le bonheur de la lire. À tire-d'ondes je la relis. Je fais ce que je peux avec mes découvertes et émerveillements. D'habitude je ne sais pas nager. (...) Me suis noyé dans son vin de mot, ai coulé en lui doucement. J'y ai appris le bouquet d'une voix, son sang secret, qui monte à la tête. Je m'en délecte encore. (...) Mais avec Laurence Vielle, ce n'est pas assez que de boire, il faut savoir danser. (...) Comment résister à ces sonorités qui, possédant la grâce lorsqu'elles bougent, ont aussi le feu lorsqu'elles signifient ? Invités par elles, nous ne pouvons que les suivre partout où elles vont, puisque c'est là où elles vont, tantôt par spasmes, tantôt par trépidation, que la puissance du langage décide de la vérité d'un être et de son art. (...) Merci Laurence Vielle pour vos vins, vos chants, vos danses, et surtout pour ce quelque chose des noces magnétiques qui vous enchaîne au Talent. » (Marcel Moreau, préface de *L'Imparfait*, éditions de l'Ambedui, 2002.)

« Le rythme de sa récitation semble emprunté à une marche rapide, voire à une danse, qui essouffle celle qui récite en même temps qu'elle tient celui qui écoute en haleine. Si le débit est généralement intense, davantage que celui de la voix, c'est le souffle qu'elle met en jeu. Ce souffle paraît également imprimer sa marque à l'écriture. (...) L'essentiel étant de ne pas rester immobile, de demeurer inlassablement en mouvement. (...) Au fur et à mesure du temps, son écriture devient un espace où faire résonner, en prenant toujours pour point de départ des trajectoires individuelles, la possibilité d'une expérience et d'une identité collectives. » (Alice Richir, préface de

*Zébuth ou L'Histoire ceinte* suivi de *L'Imparfait*, éditions Espace Nord, 2022.)

« Laurence Vielle ne manque pas de souffle. Elle court dans les trains, elle marche sur la terre. Elle cavale les mots, elle fréquente assidûment. Elle écrit par vivre. Elle vit par écrire. Elle vit tout court, naturellement. (...) Elle n'écrit pas finalement : elle trouve. Par terre et bien sûr, sur terre où sont les humains. Mais quand ils montent au ciel pour de bonnes et de mauvaises raisons, elle est là avec sa chronique à la main-bouche. Soyons sérieux : si vous prenez le train avec Laurence Vielle, vous verrez qu'elle connaît tout le wagon à la fin du voyage. C'est une fille qui possède la gagne humaine collective. Elle transporte une quantité de charisme hors du commun, dont elle ne fait aucun usage idéaliste. Elle n'a rien à prouver mais à faire miroir. C'est une accoucheuse, une philosophe de la rue. Elle n'a rien à vous donner, mais peut vous rendre à vous-même si vous vous prêtez à son jeu de mots... La poésie qui refuse d'être un quelconque décor d'embellissement du monde. La poésie qui pense le monde en s'amusant de lui. La poésie qui ne s'évacue pas dans la tour d'ivoire. La poésie qui travaille d'arrache-pied sa texture vocale, sa densité de communication. » (Claude Guerre, préface de *Ouf*, MaelstrÖm reÉvolution, 2015)

Les poèmes des pages 115 à 127 sont extraits de *Zébuth ou L'Histoire ceinte* suivi de *L'Imparfait*, éditions Espace Nord, 2022.

Le poème des pages 128 à 130 est extrait de *Pièce d'eau : poème brisé pour une danse*, éditions de l'Ambedui, 2004.

Les poèmes des pages 131 à 134 sont extraits de *RéCréation du monde*, MaelstrÖm reÉvolution, 2006.

Le poème des pages 135 à 138 est extrait de *État de marche*, MaelstrÖm reÉvolution, 2007.

Les poèmes des pages 139 à 146 sont extraits de *Bonjour Gaston*, MaelstrÖm reÉvolution, 2010.

Le poème des pages 147 à 149 est extrait de *Mar(i)ons-nous ! En route pour la frugalité heureuse*, avec Pierre Guerre, MaelstrÖm reÉvolution, 2014.

Les poèmes des pages 150 à 161 sont extraits de *Ouf*, MaelstrÖm reÉvolution, 2015.

Les poèmes des pages 162 à 167 sont extraits de *René, qu'est-ce qui te fait vivre ?*, MaelstrÖm reÉvolution, 2017.

Les poèmes des pages 168 à 174 sont extraits de *Ancêtres*, MaelstrÖm reÉvolution, 2017.

Les poèmes des pages 175 à 185 sont extraits de *Domo de poezia : bouteilles à la mer*, MaelstrÖm reÉvolution, 2018.

Les poèmes des pages 186 à 189 sont extraits de *Nous, avec le poème comme seul courage*, Le Castor Astral, 2020.

Les poèmes des pages 190 à 194 sont extraits de *Dernier Trein,* MaelstrÖm reÉvolution, 2022.

TABLE

*Préface de Noé Preszow* .................... 9

Billets d'où .............................. 17
Traversée ............................... 111

*Carte d'identité poétique* ................. 193

DE LA MÊME AUTRICE
(suite)

*Mar(i)ons-nous ! En route pour la frugalité heureuse,*
avec Pierre Guerre, MaelstrÖm reÉvolution, 2014.

*Ouf,*
MaelstrÖm reÉvolution, 2015
(Grand Prix de l'Académie Charles-Cros).

*Cirque !,*
collection « Petit VA ! »,
Centre de Créations pour l'Enfance, 2016.

*Geboren met de wind,*
MaelstrÖm reÉvolution, 2016.

*Issinakimourupaçavéku,*
MaelstrÖm reÉvolution, 2016.

*René, qu'est-ce qui te fait vivre ?,*
MaelstrÖm reÉvolution, 2017.

*Ancêtres,*
MaelstrÖm reÉvolutionn, 2017.

*Domo de poezia : bouteilles à la mer,*
MaelstrÖm reÉvolution, 2018.

*Dernier Trein,*
MaelstrÖm reÉvolution, 2022.

Collection « Poche / Poésie »

**Rim Battal / *Mine de rien***
préface d'Arthur H

**Cécile Coulon / *Les Ronces***
préface de Jeanne Cherhal

**Cécile Coulon / *Noir volcan***
préface d'Alexandre Bord

**François de Cornière / *Les Façons d'être***
préface de Paul Fournel

**Albane Gellé / *Équilibriste de passage***
préface d'Irène Jacob

**Abdellatif Laâbi / *La poésie est invincible***
préface de Jacques Alessandra

**Serge Pey / *Poèmes pour apprendre à lacer ses souliers***
préface d'Adonis

**James Sacré / *Une rencontre continuée***
préface de Bernard Chambaz

**Milène Tournier / *Ce que m'a soufflé la ville***
préface d'Azélie Fayolle

**Laurence Vielle / *Billets d'où***
préface de Noé Preszow

**Ludovic Villard / *Il faut toujours se préparer à perdre***
préface de Simon Johannin

**Thomas Vinau / *Le Cœur pur du barbare***

Cet ouvrage
a été mis en page et achevé d'imprimer
en décembre 2022
par les Ateliers Graphiques de l'Ardoisière
à Bègles (France).

Dépôt légal : février 2023
*Imprimé en France*